BESSER ESSEN NEBENBEI

Gesund genießen ohne Diät

KATHRIN BURGER

Stiftung Warentest

SO FUNKTIONIERT DAS BUCH

Nie zuvor haben sich so viele Menschen für gesundes Essen interessiert. Vorbei die Zeiten, in denen Speisen nur satt machen und wenig kosten sollten. Heute wollen wir Lebensmittel voller Nährstoffe, frei von Giften und Krankheitskeimen. Für ihre Herstellung sollen weder Tiere leiden müssen noch Menschen ausgebeutet werden.

Mit unserer Ernährung können wir politische Statements setzen und uns mit Menschen vernetzen, die ähnlich denken. Viele Menschen verzichten schon allein deshalb auf bestimmte Lebensmittel, um die Auswahl zu reduzieren.

Ob vegetarisch oder laktosefrei: Längst haben Supermärkte auf die gestiegene Nachfrage nach speziellen Ernährungsweisen reagiert und ihre Regale reichlich bestückt. Eine gesunde Vielfalt finden Sie aber auch außer Haus – zum Beispiel in modernen Restaurants und hippen Foodtrucks.

Schöne neue Ernährungswelt

Eigentlich ist das wunderbar. Auf seine Ernährung zu achten kann Spaß machen – und zumindest anfangs auch körperliche Veränderungen mit sich bringen. Dennoch sollten Sie zwei Dinge beachten: Ernährung kann vieles, ist aber kein Allheilmittel. **Ist Gesundheit nur mithilfe hochpreisiger Lebens- und Nahrungsergänzungsmittel zu haben, sollten Sie stutzig werden.**

Wird Essen zur Ideologie, geht zudem der Spaß verloren. Ist das Befolgen von Diätregeln oberste Maxime, wird die Sache schnell kontraproduktiv. **Essen soll vor allem schmecken, ungezwungen sein und ein Wohlgefühl vermitteln.** Verbohrtheit lässt dieses Wohlgefühl nicht entstehen. Im Gegenteil: Von striktem Verzicht ist es oft nicht weit zu Mangelernährung – oder Esssucht.

Wer dann anderen seine Ernährungstipps aufzwingen will, ist sozial schnell isoliert. Auch das ist eines nicht: gesund.

Flexibel statt dogmatisch

„Nebenbei besser essen" ist kein weiteres Buch, das eine einzelne Ernährungsweise propagiert. Es orientiert sich größtenteils an Empfehlungen der Deutschen Gesellschaft für Ernährung (DGE) sowie anderer Fachgesellschaften und renommierter Ernährungs-

Das ganze Jahr Erdbeeren essen? Süßes verbannen? Smoothies trinken? **BESSER NICHT!** Worauf Sie getrost verzichten können, finden Sie auf der linken Buchseite.

wissenschaftler. Wir gehen jedoch nicht dogmatisch vor, sondern lassen größtmögliche Spielräume. Wir sagen aber auch, wann Essen krank macht und welche Lebensmittel auf Dauer nicht guttun.

Wer dieses Buch liest, soll verstehen, wie er mit guten Lebensmitteln, die obendrein schmecken, satt werden kann. Wir predigen nicht Verzicht, sondern gesundes Genießen. Genuss erfordert Achtsamkeit, ist also nicht zwischen Tür und Angel zu haben.

Bohnen saisonal oder tiefgekühlt kaufen? Sich ab und zu mal etwas gönnen? Obst und Gemüse lieber im Ganzen essen? **VIEL BESSER!** Wie Sie sich gesund ernähren, steht jeweils gegenüber auf der rechten Seite. Zum Nachmachen empfohlen!

Am besten ist es, wenn Sie Freunde einladen, um gemeinsam zu kochen. Genuss ist übrigens auch, mal über die Stränge zu schlagen!

Kochen ohne Aufwand

Jeder weiß, dass ein selbst zubereitetes Mahl mit frischen Zutaten gesund ist. Fest steht auch, dass viele Fertigprodukte unserer Gesundheit eher schaden. Das Problem ist nur: Zwischen Familie, Beruf und Hobbys bleibt uns kaum Zeit zum Einkaufen und Kochen. Doch gesundes Essen muss gar nicht aufwendig und langwierig sein. Wie es einfacher und schneller geht – auch dazu haben wir in diesem Buch viele Tipps und Rezepte zusammengetragen.

Mythen entlarven

Um das Thema Essen und Trinken ranken sich viele Halbwahrheiten. Mit unserem Doppelseitenprinzip entlarven wir diese: Die linke Seite zeigt einen „Mythos" – rechts steht, wie es besser geht, inklusive Praxistipps.

Nicht nur „bio"

Beim Einkauf geht es vor allem um Vielfalt. Dieses Buch enthält deshalb zahlreiche Steckbriefe, die Ihnen Lebensmittel schmackhaft machen sollen. Nicht alles muss vom Bio-Bauern stammen. Schauen Sie sich auf Wochen- und Bauernmärkten um und besuchen Sie Hofläden. Auch „Gemüsekisten" und Gemeinschaften mit Erzeugern schaffen ein Gefühl für regionale und saisonale Produkte.

Tipps für die Küche

Auch zu Hause können Sie für gesunde Lebensmittel sorgen. Lagern Sie Obst und Gemüse so, dass nicht zu viele Nährstoffe und Aromen verloren gehen. Achten Sie beim Zubereiten von Fleisch und Fisch auf Hygiene. Auch dabei hilft Ihnen dieses Buch. Viel Freude beim Nachmachen und Ausprobieren – vor allem aber beim Genießen!

INHALTSVERZEICHNIS

„Bunt ist gesund" – wer diesem Motto folgt, macht bereits vieles richtig. Denn ein abwechslungsreicher Speiseplan mit viel Gemüse und Obst und den darin enthaltenen Gesundstoffen bietet die Gewähr dafür, dass im Körper kein Mangel entsteht und man so gut wie möglich gegen Krankheiten gefeit ist.

OBST UND GEMÜSE

WAS IST DAS EIGENTLICH – „GESUNDE" ERNÄHRUNG?

Um zu überleben braucht der Mensch drei Hauptnährstoffe: Kohlenhydrate, Fette und Eiweiße. Sie dienen als Energiequelle und zur Bildung körpereigener Substanzen. Ebenso essenziell sind Mikronährstoffe (Vitamine und Mineralstoffe), weil sie bestimmte Funktionen im Körper erfüllen. Die Deutsche Gesellschaft für Ernährung (DGE) hat schon vor vielen Jahren Referenzwerte für die Zufuhr jedes einzelnen Nährstoffs formuliert und daraus Ernährungsempfehlungen in verschiedenen Formen abgeleitet.

Veraltete Empfehlungen?

Diese nährstoffbasierten Empfehlungen stammen großteils aus dem 20. Jahrhundert und dienten damals in erster Linie dazu, Mangelerkrankungen vorzubeugen. Heute, wo das Problem nicht Mangel sondern Überfluss heißt, sind sie jedoch zunehmend umstritten. Derzeit versucht die DGE daher, ihre Empfehlungen anzupassen. So hat sie im Sommer 2017 ihre „10 Regeln für vollwertige Ernährung" verändert. Immer deutlicher tritt dabei zu Tage, dass es weniger einzelne Nährstoffe oder Lebensmittel sind, die gesund halten.

Ernährungsmuster zählen

Vielmehr scheinen es Ernährungsmuster (Dietary Patterns) zu sein, die lebensverlängernde Wirkung haben. Neben der „Mediterranen Diät", die teils 40 Prozent Fett liefert, zählen zu diesen Mustern die sehr fettarme Japanische Kost und die „New Nordic Diet", die tendenziell mehr Kohlenhydrate in Form von Brot liefert.

Derzeit gibt es auch Bemühungen, eine gesunde Ernährung für unsere Breitengrade und Lieblingsspeisen zu definieren: die „New German Diet". Wichtig: Auch Ihr eigenes Ernährungsmuster kann gesund sein, selbst wenn es sich nicht punktgenau an den empfohlenen Nährwerten orientiert.

Geringe Energiedichte

Voraussetzung ist, dass auf Ihrem Speiseplan viele naturbelassene Lebensmittel und wenig Fast Food stehen. Hintergrund: Gesunde Ernährungsmuster zeichnen sich durch eine relativ niedrige Energiedichte aus. Das bedeutet, sie liefern im Verhältnis zum Gesamtgewicht wenig Energie – dafür viele Vitamine, Mineralstoffe, sekundäre Pflanzenstoffe und Ballaststoffe.

Genuss und Gelassenheit

Zu gesunder Ernährung tragen jedoch auch soziale und psychologische Faktoren bei. Japaner haben Rituale rund ums Essen, in Südeuropa wird oft gemeinsam und draußen gegessen. Im Norden ist es vielleicht „Hygge" – ein positives Lebensgefühl, das gesünder hält, als die vielen Blaubeeren und Meeresprodukte. Wer genießen kann und sich psychisch satt fühlt, wird auch nicht zu viel essen. Außerdem schüttet er nicht laufend übermäßig Stresshormone aus, die ebenso krank machen. Gesundes Essen muss vor allem auch eines: schmecken.

Hü und hopp?

Immer wieder ist zu hören, dass die Ernährungswissenschaft doch nicht ernst zu nehmen sei, da sie immer neue Empfehlungen gibt. So sei heute Fett (zumindest bestimmtes) gut, gestern war es pauschal schlecht. Heute sind Eier erlaubt, früher waren sie verboten. Wie kommt das?

Richtig ist, dass sich Empfehlungen in Details zuweilen ändern. Das liegt zum einen daran, dass die Forschung ständig neue Erkenntnisse hervorbringt – ein Umstand, der in der Physik ohne Murren hingenommen wird, Ernährungswissenschaftlern nimmt man es jedoch übel, weil Ernährung eine alltägliche Handlung ist.

Zudem interpretieren manche Wissenschaftler Ergebnisse voreilig, schließlich herrscht bei der Vergabe von Forschungsgeldern ein großer Konkurrenzkampf. Auch Journalisten bewerten zuweilen einzelne Studien über, schließlich wollen Leser „knackige Storys". Doch Lebensmittel lassen sich nicht wie Medikamente in klinischen Studien testen. Erst eine Fülle von Studien zu einem Thema fügt Puzzleteil zu Puzzleteil. So entsteht erst langsam ein Bild, das Aussagen erlaubt – die sich jedoch wieder ändern können. Zu den Besonderheiten der Ernährungswissenschaft gesellen sich selbst ernannte Ernährungsexperten, die nicht selten nur Verwirrung stiften. Essen muss schließlich jeder – und mancher fühlt sich da schnell zum Experten berufen.

Was Ernährung kann

Klar ist, dass es keine guten oder bösen Lebensmittel gibt. Wer gesund bleiben will, braucht jedoch eine abwechslungsreiche Kost. Einmal pro Woche im Fast Food-Restaurant zu essen oder sich ab und zu eine Tiefkühl-Pizza aufzuwärmen macht nicht gleich krank. Hauptsache, das Gesamtmuster stimmt.

Grob lässt sich sagen: Reichlich Pflanzenkost ist förderlich für die Gesundheit. Dagegen sollten tierische Produkte in Maßen gegessen werden. Als Durstlöscher ist Wasser am besten. Wer in diesem Rahmen abwechslungsreich isst, der hat ein geringeres Risiko für Übergewicht, Diabetes und diverse Herz-Kreislauf-Erkrankungen. Auch Gicht und die nicht-alkoholische Fettleber lassen sich oft auf eine ungünstige Ernährungsweise zurückführen. Ebenso kann eine gesunde Ernährung in gewissem Maß vor Alzheimer sowie Dickdarm-, Brust-, Gebärmutter- und Leberkrebs schützen. Unklar ist hingegen bislang, ob das auch für andere Krebsarten sowie Depressionen gilt.

Erbanlagen und Lebensstil

Diese Erkenntnisse basieren jedoch nur auf Durchschnittswerten und sagen nichts über das individuelle Risiko aus. Für welche Krankheiten jeder Einzelne anfällig ist, hängt von seinen Erbanlagen ab. Auch Umweltgifte, Tabakkonsum und Übergewicht wirken sich auf die Entstehung von Volksleiden aus. Das Erkrankungsrisiko lässt sich durch sportliche Aktivität senken und damit Ernährungsfehler teilweise ausgleichen.

Ein Wort zu Allergien

Gefühlt nehmen Lebensmittelallergien und Unverträglichkeiten gegen Gluten, Fruktose oder Laktose immer mehr zu. Mit Fakten belegt ist dieser Eindruck jedoch nicht. Eine Unverträglichkeit lässt sich zwar nicht heilen, eine geringere Zufuhr der Substanz kann jedoch die Symptome stark lindern. Wie andere Unverträglichkeiten sind auch Allergien genetisch bedingt. Das Risiko einer Allergie lässt sich durch die richtige Ernährung im ersten Lebensjahr senken.

Auch hier ist Abwechslung gefragt. So bringt es nichts, Milch, Nüsse, Eier oder Fisch vorsorglich aus dem Menüplan zu streichen. Im Gegenteil: Der Körper eines Babys braucht Training, um Toleranzen zu entwickeln. Ist eine Allergie erst einmal diagnostiziert, ist das betreffende Lebensmittel strikt zu meiden. Das muss jedoch nicht für immer so bleiben – Allergien können auch wieder verschwinden.

Findige Industrieköche

Ungewissheiten bleiben auch, weil mittlerweile viele wissenschaftliche Studien von Nahrungsmittel- oder Vitamintablettenherstellern gesponsert werden und so das Bild verzerren können. Unliebsame Ergebnisse werden einfach nicht publiziert. Zahlreiche Lebensmittel gelten auch nur aus einem einzigen Grund als gesund – weil PR-Strategen sie geschickt vermarkten. Dazu zählen „Superfoods“, „Funktionelle Lebensmittel“ und „Nahrungsergänzungsmittel“. Als gesunder Erwachsener kann man getrost auf diese verzichten.

Fertigprodukte

Auf Dauer nicht bekömmlich ist ein Zuviel an hoch verarbeiteten Lebensmitteln wie Backwaren, Wurstwaren und Fertiggerichten. Sie sind im Vergleich zu frischen Speisen fetter, salziger, süßer und liefern weniger Eiweiß, Ballaststoffe und bioaktive Substanzen. Zudem finden sich darin allerhand Zusatzstoffe. Das gilt übrigens auch für viele Fleisch- und Käseersatzprodukte.

NÄHRSTOFF-GRUPPEN

1 Kohlenhydrate nutzt der Körper vor allem zur Energieversorgung, also für Denkprozesse und Muskelarbeit. Mehr als 50 Prozent der täglichen Energiemenge sollten laut Deutscher Gesellschaft für Ernährung (DGE) Kohlenhydrate ausmachen. Das wären etwa 230 Gramm für Frauen und 300 Gramm für Männer. Reich an Kohlenhydraten sind Getreide, Kartoffeln, aber auch zuckerreiche Lebensmittel. Faustregel für die Auswahl: Vollkornvarianten bevorzugen, Süßigkeiten einschränken (siehe S. 92).

2 Eiweiß dient vor allem als Bausubstanz, etwa für Knochen, Muskeln, Enzyme oder Hormone. Für Eiweiß lautet der Richtwert: 0,8 Gramm pro Tag und Kilogramm Körpergewicht. Eine 60 Kilogramm schwere Frau sollte also 48 Gramm Eiweiß am Tag zu sich nehmen. Für Erwachsene ab 65 Jahren gilt seit kurzem der tägliche Richtwert von 1 Gramm pro Kilogramm Körpergewicht. Es gibt 9 unentbehrliche Aminosäuren, die Deutschen sind insgesamt gut mit Eiweiß versorgt. Vieles spricht aber dafür, dass Übergewichtige mehr Eiweiß essen sollten, um Pfunde zu verlieren. Grund: Eiweiß sättigt sehr gut. Es steckt in Hülsenfrüchten, Brot, Nüssen und tierischen Produkten.

3 Fett liefert Energie, ist aber auch Bausubstanz für Zellwände und Botenstoffe. Laut DGE sollten nur 30 bis 35 Prozent der Energie aus Fett stammen. Wichtiger als die Menge ist aber die Qualität: Absolut essenziell sind mehrfach ungesättigte Fettsäuren aus Fisch und pflanzlichen Ölen. Sogar Milchfett sehen mittlerweile einige Wissenschaftler als gesund an.

Vitamine: Neben den wasserlöslichen Vitaminen C und B gibt es fettlösliche wie die Vitamine A (und die Vorstufe Beta-Karotin), D, E und K. Davon bekommen die Deutschen durch ihre Ernährung reichlich ab. Nur Vitamin D kommt zu kurz. Es kommt in Lebensmitteln kaum vor. Dafür bildet es die Haut mithilfe von Sonnenstrahlung.

Mineralstoffe: Zu den Mengenelementen zählen: Natrium, Chlorid, Kalium, Kalzium, Phosphor und Magnesium. Auch an ihnen mangelt es hierzulande kaum. Spurenelemente wie Eisen, Fluorid, Zink, Selen, Chrom, Kupfer, Mangan und Molybdän sind in durchschnittlicher Mischkost meist ausreichend enthalten. Nur die Jodversorgung ist bei rund 30 Prozent der Deutschen nicht zufriedenstellend.

Wasser: Der Bedarf aus Getränken: 1,5 Liter pro Tag.

GOLDENE REGEL: KEINE MAHLZEIT OHNE GEMÜSE

Auch wenn sich Ernährungsexperten oft uneins sind – bei Gemüse und Obst scheint die Sache klar: Praktisch jede gesunde Kost propagiert beide als unverzichtbar. Das liegt vor allem an den zahlreichen Studien, die einer pflanzenreichen Kost präventive Wirkung gegen Bluthochdruck, Herzinfarkt und Schlaganfall bescheinigen. Jede Portion Obst oder Gemüse, die man täglich zu sich nimmt, senkt laut Statistik das persönliche Herzinfarkt-Risiko um 5 Prozent.

Jeden Tag 650 Gramm

Lediglich wahrscheinlich ist dagegen, dass pflanzliche Kost auch vor bestimmten Tumoren schützt. Möglicherweise sind Gemüse und Obst darüber hinaus hilfreich, um Demenz, Osteoporose und Übergewicht vorzubeugen. Die Deutsche Gesellschaft für Ernährung (DGE) empfiehlt 650 Gramm Gemüse und Obst pro Tag – je mehr und je vielfältiger, desto besser. Dabei sollten pro Tag mindestens drei Portionen Gemüse und zwei Portionen Obst auf dem Speiseplan stehen. Zu Gemüse zählen auch Hülsenfrüchte, Pilze und Gemüsesäfte, zu Obst Trockenfrüchte, Nüsse, Fruchtsäfte und Smoothies.

Was drin steckt

Warum Feld- und Baumfrüchte so gesund sind, darüber wird derzeit noch spekuliert. Klar, sie liefern Vitamin C, Provitamin A und Folat. Gerade Folat ist wichtig in Sachen Herzgesundheit. Aber auch die reichlich vorhandenen Mineralstoffe Magnesium und Kalium schützen den Körper effektiv: Sie weiten die Blutgefäße und beugen Bluthochdruck vor.

Bioaktive Stoffe satt

Wahre Tausendsassas sind sekundäre Pflanzenstoffe. Schätzungsweise 5000 bis 10000 von ihnen sollen in der menschlichen Nahrung vorkommen. Sie sitzen vor allem in den äußeren Schichten der Pflanze, in äußeren Salat- und Kohlblättern oder in der Apfelschale. Tomate, Karotte & Co. bilden sie zur Schädlingsabwehr. Andere schalten Gene an und aus. Sulforaphane, die Aromastoffe aus Kohl, helfen dem Körper – wie grüne Chlorophylle auch – gegen Krebszellen vorzugehen. Zudem sind Kohlaromen und zahlreiche andere Pflanzenstoffe antibiotisch wirksam. Flavonoide aus Sellerie und Auberginen senken Blutdruck und Blutzuckerspiegel, obendrein binden sie allergene Substanzen. In Zwiebelgewächsen stecken schwefelhaltige Stoffe, die Entzündungen entgegenwirken und Thrombosen vorbeugen können.

Antioxidanzien? Heiße Luft!

Lange dachten Experten, sekundäre Pflanzenstoffe seien vor allem wegen ihrer Eigenschaft als „Radikalfänger" oder „Antioxidans" so gesund. Immerhin ließ sich im Reagenzglas zeigen, dass sie „freie Radikale" bändigten. Inzwischen ist allerdings bewiesen, dass die Vorgänge im Reagenzglas nicht genauso ablaufen wie im menschlichen Stoffwechsel. Unser Körper verfügt über eigene Mechanismen, um freie Radikale unschädlich zu machen. Lebensmittel beeinflussen diese nicht maßgeblich. So lässt sich zwar mittels des „ORAC-Tests" das antioxidative Potenzial eines Lebensmittels messen. Entsprechend oft führen ihn Hersteller von Superfood wie Aroniabeeren oder Acai-Pulver ins Feld. Sein Ergebnis sagt jedoch nichts über die Wirkung des Lebensmittels im Körper aus.

Gut für die Darmmikroben

Auch lösliche Ballaststoffe wie Pektin tragen zum Gesundheitswert von Gemüse und Obst bei. Erwiesenermaßen kann Pektin den LDL-Cholesterinspiegel senken. Andere unverdauliche Schleimstoffe, Eiweißbausteine sowie gummiartige und unverdauliche Mehrfachzucker sind Futter für unsere Darmmikroben. Diese nicht verdaulichen Nährstoffe (Non-digestible Nutrients) üben möglicherweise großen Einfluss auf unser Immunsystem aus.

Zudem sprechen Fachleute auch der natürlichen Mikroflora, etwa auf Salat, Karotten und Weintrauben, positive Effekte zu – also den Millionen harmlosen Bakterien, die sich auf Pflanzen tummeln und nach dem Verzehr mit der Darmflora interagieren.

Warum Gemüse besser ist

In Gemüse sind nicht verdauliche Nährstoffe in größerer Bandbreite vorhanden als in Obst. Auch Vitamine, Mineralstoffe und bioaktive Stoffe sind zahlreicher. Umgekehrt enthält Obst teilweise reichlich Zucker – vor allem die in Verruf geratene Fruktose.

Geheimnis liegt in der Matrix

Das Gesundheitspotenzial von Obst und Gemüse ist nicht in einzelnen Substanzen begründet. Vielmehr scheint es das Zusammenspiel der Inhaltsstoffe, also die „Matrix" zu sein, die es so wertvoll macht. Zahlreiche Substanzen beeinflussen sich gegenseitig – zum Beispiel in Sachen Bioverfügbarkeit. Ebenfalls bekannt sind gesundheitsfördernde Wechselwirkungen zwischen Lebensmitteln. So kann der Körper Karotinoide aus Gemüse in größeren Mengen aufnehmen und verwerten, wenn dieses mit ein paar Tropfen Öl verzehrt wird.

STULLEN MIT GEMÜSE

SPROSSEN, AVOCADO UND GEMÜSERASPEL lassen sogar einfache belegte Brote zu raffinierten und gesunden Leckerbissen werden.

Avocado

Avocados sind reich an Ölsäure, Vitamin E und Folat. Auch Eisen und Ballaststoffe lassen sich aus der Avocado löffeln. Leider hat die Frucht eine schlechte Ökobilanz. Daher besser Bioware kaufen.

Pesto

Fertig-Pesto enthält häufig billiges Sonnenblumenöl und Cashewkerne. Ein Blick auf die Zutatenliste lohnt sich also. Noch besser ist es, sein Pesto aus Olivenöl, Pinienkernen, Knoblauch, Basilikum und Parmesan ganz einfach selbst zuzubereiten.

TOMATEN-PESTO-BROT MIT SPROSSEN

Für 1 Portion:
1 Scheibe Vollkornbrot
2 TL Pesto
1 Scheibe Käse (z. B. Cheddar)
1–2 Tomaten
2 EL Sprossen (z. B. Alfalfa-, Radieschen- oder Linsensprossen)

Pro Portion: 271 kcal, 13 g F, 22 g KH, 6 g B, 12 g E

1 Das Brot mit einem Teelöffel Pesto bestreichen und mit dem Käse belegen.
2 Die Tomate waschen, vom Stielansatz befreien und in dünne Scheiben schneiden. Das Käsebrot mit den Tomatenscheiben belegen, das restliche Pesto darüberträufeln und die Sprossen als Tuff daraufsetzen.

Tipp: Tomaten und Sprossen schmecken auch als Krönung auf einer Quark- oder Frischkäsestulle.

KNÄCKEBROT MIT FRISCHKÄSE UND AVOCADO

Für 1 Portion:
2 Scheiben dickes Knäckebrot
1–2 EL Frischkäse
4–6 Radieschen
½ Avocado
1 EL Limettensaft
Salz, grob gemahlener Pfeffer,
1 Beet Kresse (evtl. rote Shiso)

Pro Portion: 300 kcal, 17 g F, 24 g KH, 7 g B, 8 g E

1 Die Knäckebrote mit Frischkäse bestreichen. Die Radieschen waschen und in feine Scheiben schneiden oder hobeln, die Avocado in Scheiben schneiden.
2 Avocado- und Radieschenscheiben auf den Knäckebroten verteilen, mit Limettensaft beträufeln und mit Salz und Pfeffer würzen. Die Kresse mit einer Schere vom Beet schneiden und üppig auf den Broten verteilen.

EIBRÖTCHEN MIT FENCHEL

Für 1 Portion:
½ Fenchelknolle
Salz, Pfeffer
1–2 TL Zitronensaft
1 Vollkornbrötchen
1 EL Schmand oder Salatcreme
½ TL Currypulver
1 hart gekochtes Ei
1–2 Stängel Blattpetersilie
1 TL Sonnenblumenkerne

Pro Portion: 319 kcal, 13 g F, 32 g KH, 7 g B, 14 g E

1 Die Fenchelknolle in feine Streifen schneiden oder hobeln und mit etwas Salz in eine Schüssel geben. Mit der Hand kurz durchkneten und mit Pfeffer und Zitronensaft würzen.
2 Brötchenhälften mit Schmand bestreichen und mit etwas Currypulver bestreuen. Das Ei mit einem Eierschneider in dünne Scheiben schneiden. Eischeiben, Fenchelsalat und Petersilienblättchen auf den Brötchenhälften verteilen, mit Sonnenblumenkernen bestreuen.

GRÜNZEUG?

Ziemlich **NÄHRSTOFFARM**: Eisbergsalat enthält 25-mal weniger Vitamin C, zehnmal weniger Kalzium, viermal weniger Eisen und dreimal weniger Folat als Grünkohl.

ACHTUNG!

Salat ist sehr empfindlich. Man sollte ihn darum in einer Plastiktüte mit Löchern im Gemüsefach des Kühlschranks aufbewahren und zügig aufbrauchen.

EISBERGSALAT IST DER LIEBLING der Deutschen. Vermutlich, weil er so knackig-frisch daherkommt. Mit schlappen 15 Kilokalorien pro 100 Gramm gilt er zudem als Schlankmacher. Trotzdem bildet er auf der Hitliste gesunder Gemüsesorten eher das Schlusslicht.

1 % des täglichen Bedarfs an Kalzium deckt eine 50-Gramm-Portion Eisbergsalat – fast nichts! Bei Eisen und Vitamin C sind es gerade einmal 2 Prozent der empfohlenen Menge, bei Folat (Vitamin B) immerhin 10 Prozent. Zudem ist er wie die meisten Salatsorten arm an Ballaststoffen.

GRÜNKOHL!

GRÜNKOHL IST EIN TAUSENDSASSA in Sachen Nährstoffe – ob klassisch mit Kassler gekocht oder als Power-Zutat in den Smoothie geschreddert. Eine 50-Gramm-Portion roher Grünkohl liefert immerhin 7 Prozent der empfohlenen Tagesmenge an Ballaststoffen.

Zudem stecken **10 %** des Kalziumbedarfs im Grünkohl – dazu 8 Prozent des Eisen-, 30 Prozent des Folat- und die Hälfte des Vitamin-C-Bedarfs. Auch bioaktive Substanzen wie Chlorophyll und Lutein sind in weitaus höherer Konzentration enthalten als in den blassen Blättern des Eisbergsalates.

FRISCH VOM STRAUCH?

ROHKOST GILT ALS NONPLUSULTRA der gesunden Küche. Schließlich enthält rohes Gemüse Vitamine und sekundäre Pflanzenstoffe in idealer Weise. Das gilt jedoch nur für das hitzeempfindliche Vitamin C, einige B-Vitamine und Ballaststoffe. So liefern 100 Gramm Tomaten rund 20 Milligramm Vitamin C, in Konserven sind es nur 15 Milligramm. Was viele nicht bedenken: Andere Nährstoffe werden durch Kochen erst verfügbar. Die Deutsche Gesellschaft für Ernährung empfiehlt, von Gemüse und Obst die Hälfte roh, die andere gekocht zu essen.

AUS DER KONSERVE!

TOMATEN AUS DER DOSE haben ein schlechtes Image. Abgefüllt, einige Minuten bei 120 Grad erhitzt, pasteurisiert – das kann nicht gesund sein? Doch! Einige Vitalstoffe wie das Karotinoid Lykopin sowie fettlösliche Vitamine werden durch Kochen erst für den Körper verfügbar. Die Hitze setzt die in den Zellen eingeschlossenen Substanzen frei. Auch der als besonders gesund diskutierte Stoff Indol-3-Carbinol findet sich nur in gekochtem Kohlgemüse. Kurz erhitzt liefern auch Karotten und Spinat mehr Karotinoide sowie Vitamin E.

TOTGEKOCHT?

JA, MAN KANN GEMÜSE „TOTKOCHEN". Einige Nährstoffe, zum Beispiel wasserlösliche Vitamine, werden bei langem Kochen abgebaut oder ins Kochwasser ausgeschwemmt. So verlieren Kartoffeln beim Kochen rund 20 Prozent ihrer Mineralstoffe. Das ist insofern bedeutsam, als dass die gelben Knollen vor allem Kalium liefern. Auch der Vitamin-C-Gehalt ist hoch, sinkt im Kochtopf aber um 15 bis 40 Prozent. In Pellkartoffeln sind die Gesundstoffe aufgrund der Schale immerhin etwas besser vor dem Auswaschen geschützt als in Salzkartoffeln.

KNUSPRIG FRITTIERT!

BRATEN UND FRITTIEREN ist für Kartoffeln prima geeignet, um ihre Nährstoffe zu erhalten. So finden sich in Pommes frites noch alle Mineralstoffe. Der Vitamin-C-Gehalt sinkt beim Frittieren nur um 10 Prozent. Der Gehalt an Vitamin B_2 steigt sogar um das Zwei- bis Dreifache, weil die zugeführte Energie es aus seiner gebunden Form befreit. Zudem erhöht sich die Menge an resistenter Stärke, einem wichtigen Ballaststoff. Der Folatgehalt geht bei sämtlichen Methoden zurück, beim Frittieren allerdings nicht so stark wie beim Kochen.

GEMÜSE MIT BISS

Leckeres Gemüse auf den Teller zu zaubern gilt als aufwendig – und das, wo doch immer so wenig Zeit ist! Daher greifen die meisten Menschen lieber zu Obst, das als Apfel oder Erdbeere sehr unkompliziert daherkommt. Doch Gemüse zuzubereiten ist kein Hexenwerk. Einige Sorten sind im Nu weich gekocht, und auch das Braten im Wok dauert nur wenige Minuten. Dennoch haben alle Garmethoden Vor- und Nachteile. Da ist Abwechslung angesagt!

Warum das Kochwasser wertvoll ist

Kochen zerstört die Zellverbände. Dadurch gehen Mineralstoffe und einige Vitamine ins Kochwasser über – je länger die Garzeit, desto mehr. Deshalb sollten Gemüseköche das Kochwasser nicht wegschütten, sondern als Brühe auf den Tisch bringen oder anderweitig verwerten, etwa reduzieren, salzen und mit Olivenöl zu einer Sauce aufschlagen (Ausnahmen siehe S. 26, Punkt 3). Alternative: Gemüse dämpfen oder dünsten. So bleiben alle Mineralstoffe erhalten und der Anteil an Karotinoiden erhöht sich wie beim Kochen. Zudem geht das in Blattgemüse enthaltene Vitamin C nur zu 40 statt 60 Prozent und Vitamin B_1 zu 10 bis 20 statt 35 Prozent flöten. Kartoffeln für Suppen und Eintöpfe besser schälen, da in der Schale

Ungefähre Garzeiten für Gemüse (bissfest) in Minuten

Gemüsesorten	Kochen	Braten	im Ofen
Kohlrabistücke	5	5	30
Spargel	10	10	30
Auberginenscheiben	12	8	15
Selleriescheiben	12	5	25
Möhren	15	8	25
Paprikastücke	15	5	10
Rosenkohl, halbiert	15	5	25
Lauch	20	5	15
Kürbisspalten	20	15	30
Zucchinischeiben	20	5	10
Süßkartoffelspalten	20	15	25
Grünkohl	45	5	5

möglicherweise giftige Glykoalkaloide stecken (siehe Seite 65).

Wer aus Knoblauch das Beste herausholen will, sollte ihn nicht hacken, sondern zerdrücken. So entsteht eine größere Menge des bioaktiven Stoffs Allicin, der besonders gut die Durchblutung anregen und Krebs vorbeugen soll. Nach zehn Minuten kann man Knoblauch dann auch erhitzen, ohne die wirksamen Stoffe zu verlieren.

Garmethoden im Überblick

Kochen: Das Gemüse wird in reichlich Wasser bei 95 bis 100 Grad gegart.
Abschrecken: Eiskaltes Wasser stoppt den Kochvorgang abrupt, daher ist die kalte Dusche auch nährstoffschonend. Zudem bleibt so in grünem Gemüse das Chlorophyll erhalten – und Spinat, Bohnen und Brokkoli sehen gekocht nicht blass oder grau aus.
Dünsten: Beim Dünsten wird das Gemüse in Topf oder Pfanne in wenig Flüssigkeit (bei geschlossenem Deckel) gegart.
Blanchieren: Gemüse nur wenige Minuten in kochendes Wasser tauchen, dann kalt abschrecken. Auch vor dem Einfrieren empfiehlt es sich, Gemüse zu blanchieren. Das setzt Enzyme außer Gefecht, die den Vitaminverlust vorantreiben. Auch Mikroben werden abgetötet, die Farbe bleibt erhalten.
Dämpfen: Schonende Garmethode, die den direkten Wasserkontakt und damit das Auslaugen vermeidet. Benötigt wird ein Dampfdrucktopf oder ein Siebeinsatz für den Topf.
Braten: Das Gemüse wird in einer Pfanne in heißem Fett bei mehr als 160 Grad erhitzt.
Braten im Wok: Unter ständigem Rühren wird das Gemüse außen gegart. Innen bleibt es roh, weil dort kaum 40 Grad erreicht werden. Ein idealer Kompromiss!
Frittieren: Frittieren ist nicht per se ungesund. Vielmehr kommt es auf das verwendete Fett an. Ist es zu alt, bilden sich schädliche Transfette und Acrylamid. Eine Mischung aus Olivenöl und Sonnenblumenöl, wie sie in Mittelmeerländern zum Braten und Frittieren verwendet wird, scheint der Gesundheit nicht zu schaden.
Schmoren: Gemüse kurz anbraten, dann wenig Flüssigkeit dazugeben und dünsten. Schmort man Gemüse zusammen mit Fleisch, verteilen sich sämtliche Aromastoffe gleichmäßig im Kochgut. Das sorgt für eine wahre Geschmacksexplosion.
Backen: Mit Öl bestreichen oder in Alufolie wickeln und im Ofen bräunen.
Grillen: Spargel, Zucchini, Auberginen und Paprika eignen sich roh zum Grillen. Andere Gemüsesorten wie Karotten oder Kürbis sollte man vorkochen. Um das Gemüse zu schonen, am besten in Alufolie wickeln.
Sous-vide-Garen: Gemüse in einem Plastikbeutel eingeschweißt bei 75 bis 90 Grad in Wasser garen. So bleiben zahlreiche Gesundstoffe wie Chlorophyll, Karotinoide und Phenole erhalten. Grund: Durch den Ausschluss von Sauerstoff wird die Oxidation der Farb- und Aromastoffe unterbunden.

HAUPTSACHE VEGAN?

VEGANE PRODUKTE SUGGERIEREN zwar oft gesunde Ernährung – bei pflanzlichem Käse ist dies jedoch nicht der Fall. Er enthält meist große Mengen Kokosöl, das ist wegen seiner vielen gesättigten Fettsäuren nicht gerade gesund ist. Darum sind auch Produkte mit Mandeln oder Lupinen als Basis denen mit Kokosöl und Stärkemehl vorzuziehen. Gerade letztere liefern nur Fett und leere Kohlenhydrate. Damit der Käse dem Original ähnelt, kommen auch viele Zusatzstoffe zum Einsatz. Fazit: Veganer können auf diesen „Käse“ getrost verzichten.

HAUPTSACHE ECHT!

OB GOUDA, BRIE ODER GORGONZOLA – im Käse tummelt sich eine Vielfalt an Mikroorganismen. Diese lassen bei der Käseherstellung die Milch dicker und saurer werden (Fermentation) und gelten als Grund dafür, dass Milchprodukte gesünder sind als unverarbeitete Milch. Bei der Käsereifung entstehen zudem Polyamine, die sich positiv auf kognitive Fähigkeiten auswirken und im Tierversuch Krebszellen am Entarten hinderten. Erst kürzlich belegte eine schwedische Studie abermals, dass Fans von Käse, Joghurt und Kefir länger leben als Milchtrinker.

MYTHEN RUND UMS GEMÜSE

Vor allem im Internet kursieren unzählige Legenden und Halbwahrheiten zum Thema Ernährung. Hier einige der am häufigsten verbreiteten „Gemüsemythen".

1. Salat am Abend gärt im Magen

Stimmt nicht. Am Abend verdaut der Körper Salat genauso wie tagsüber. Allerdings kann Rohkost blähen, denn die enthaltenen Faserstoffe landen im Dickdarm, wo sie von Mikroben abgebaut werden. Dabei entstehende Gase empfinden manche Menschen abends eventuell als unangenehmer. Doch: Wer Salat mit ausreichend Fett (zum Beispiel im Dressing) und Eiweiß (zum Beispiel in Nüssen und Schafskäse) zu sich nimmt, verbessert die Verdauung. Der Magen bereitet die Mahlzeit dann gut für die Verdauung vor und entlässt den Salat portionsweise. Dies ist wiederum vorteilhaft für die Nährstoffaufnahme.

2. Spinat auf keinen Fall aufwärmen

Stimmt nicht. In den 1960er Jahren kam es bei einigen Babys zur sogenannten Blausucht. Es stellte sich heraus, dass sie aufgewärmten Spinat gegessen hatten, der viel Nitrit enthält. Hintergrund: Lässt man gekochten Spinat über Nacht bei Zimmertemperatur stehen, bildet sich aus Nitrat Nitrit. Dieses ist vor allem für Säuglinge problematisch. Wird Spinat rasch gekühlt, kann ihn ein gesunder Erwachsener am nächsten Tag problemlos aufwärmen und essen.

3. Oxalsäure ist giftig

Das gilt nur für Menschen, die an Nierensteinen leiden oder litten. Oxalsäure kann zusammen mit anderen Stoffen zur Bildung von Nierensteinen beitragen. Zu den oxalsäurereichen Gemüsesorten gehören Mangold, Spinat, Rhabarber, Sauerampfer und Rote Bete. Da Oxalsäure beim Kochen ausgeschwemmt wird, ist gekochtes Gemüse säureärmer, solange man das Kochwasser wegschüttet. Rhabarber kann man auch schälen, das verringert den Oxalsäuregehalt. Für Gesunde ist Oxalsäure in Maßen kein Problem – jeden Tag ein Spinat-Smoothie wäre jedoch zuviel.

4. Spargel ist roh giftig

Stimmt nicht. Roher Spargel ist nicht giftig. Sein Aroma entfaltet sich jedoch erst beim Kochen. Die enthaltene Asparaginsäure regt die Nierenfunktion an und wirkt entwässernd. Grüner Spargel weist höhere Mengen an Vitamin C und Provitamin A auf.

Gichtkranke sollten Spargel wegen des hohen Puringehalts nicht in Mengen essen.

5. Karottengrün lieber wegwerfen

Im Gegenteil, es ist sogar gesund. In Karottengrün steckt zwar besonders viel von dem Abwehrstoff Falcarinol. Giftig für den Menschen ist dieser allerdings nur bei kiloweisem Verzehr. Wer sehr viel Karottengrün isst, riskiert außerdem allergische Hautreaktionen. Auch das Grün zahlreicher anderer Gemüsearten wie Kohlrabi, Rote Bete, Petersilienwurzel, Fenchel und Radieschen ist sehr gesund. Dasselbe gilt für die Triebe von Zwiebeln und Knoblauch. Im Blattgrün läuft die Fotosynthese ab, die Nährstoffdichte ist darum hier besonders hoch.

Manche Blätter übertreffen mit ihrem Gehalt an gesunden Inhaltsstoffen sogar den Rest der Pflanze. So trumpfen Kohlrabiblätter mit doppelt so viel Vitamin C und deutlich mehr zellschützenden Karotinoiden auf wie die aromatische Knolle selbst. Nur die Blätter von Tomaten, Paprika, Kartoffeln und Rhabarber sollte man nicht mitessen.

6. Nachtschattengewächse sind ungesund

Stimmt nicht. Bekannte Gemüsesorten wie Tomaten, Auberginen, Paprika und Kartoffeln zählen zu den Nachtschattengewächsen. Einige davon können zwar Glykoalkaloide wie Solanin, Chaconin, Tomatin oder Solamargin enthalten – Bitterstoffe, die Übelkeit und Magen-Darm-Beschwerden verursachen können.

Problematisch ist dies jedoch nur bei unreifen Auberginen und Tomaten (Kartoffeln siehe 7). Diese sollten unbedingt nachreifen, zum Beispiel auf der warmen Fensterbank. Ausgereift enthalten Tomaten praktisch keine Alkaloide mehr. Vorsicht: Auf Wochenmärkten gibt es Sorten, die auch in reifem Zustand grün sind.

Auberginen sollten sicherheitshalber nicht roh verzehrt werden, auch wenn die Sorten aus dem Supermarkt meist wenig Alkaloide enthalten. Gut, dass rohe Auberginen nicht gerade eine Delikatesse sind. Weil Salz ihrem Fruchtfleisch die Bitterstoffe entzieht, kann man Auberginen in Scheiben geschnitten und gesalzen ca. 30 Minuten vor der Zubereitung ziehen lassen.

7. Gekeimte Kartoffeln darf man nicht mehr essen

Stimmt teilweise. Fangen Kartoffeln an zu keimen, bilden sie giftiges Solanin. Dieses erkennt man auch an den grünen Stellen unter der Schale. In kurzen Keimen ist die Konzentration gering, sodass es reicht, die Keime großzügig zu entfernen. Kartoffeln, deren Keime schon sehr lang sind, sollten jedoch nicht mehr gegessen werden. Das Lagern an einem kühlen, dunklen und trockenen Ort verhindert das Auskeimen.

WARENKUNDE WILDGEMÜSE

Züchterisch nicht weiter entwickelte Gemüse- und Obstarten sowie heimische Kräuter bieten eine große Palette an Gesundstoffen. So liefern Hagebutten und Sanddorn ungefähr 30-mal mehr Vitamin C als dieselbe Menge Zitronen. Wilder grüner Spargel enthält doppelt so viele Phyto-Nährstoffe und fünfmal mehr Vitamin C als gezüchteter Spargel. Zudem bieten die Wildpflanzen eine große Bandbreite an Aromen, weswegen sie auch in der Spitzengastronomie zunehmend Verwendung finden. Also: Ab auf die Wiese!

Brennnessel

Reich an Eiweiß, Provitamin A, C, E, Kalium, Kalzium und Magnesium. Entzündungshemmend, stoffwechselanregend. Junge Blätter sind weniger bitter.

Gänseblümchen

In Blüten und Blättern stecken Kalzium, Kalium, sekundäre Pflanzenstoffe, Vitamin C sowie Schleim- und Bitterstoffe. Schmeckt leicht nussig und mild pfeffrig.

Bärlauch

Liefert Mineralstoffe, etwa Eisen, außerdem Vitamin C. Stärkt das Immunsystem, lindert Magenbeschwerden, regt den Stoffwechsel an. Schmeckt knoblauchartig.

Giersch

Viel Eiweiß, Kalium, Magnesium, Kalzium, Mangan, Zink, Kupfer, Vitamin A und C, Flavonoide und ätherische Öle. Entzündungshemmend. Mild-würzig.

Gundermann

Enthält viel Vitamin C, Kalium, Kieselsäure, Gerbstoffe, Bitterstoffe und Cholin. Hilft gegen Magenbeschwerden. Geschmack würzig-herb, erinnert an Minze.

Sauerampfer

Liefert Flavonoide, Karotin, Eisen, Gerbstoffe und Vitamin C. Appetitanregend und blutreinigend. Wegen der ebenfalls enthaltenden Oxalsäure nur mäßig essen.

Tipp 1:

Sammeln Sie Wildgemüse nicht an Orten, wo viele Hunde Gassi geführt werden, nicht an stark befahrenen Straßen oder am Rand von gespritzten Feldern.

Löwenzahn

Zahlreiche sekundäre Pflanzenstoffe, Bitterstoffe, Schleimstoffe, Vitamin C und Mineralstoffe. Wurzeln enthalten im Herbst zudem den Ballaststoff Inulin.

Vogelmiere

Reich an Mineralien, Vitamin A und B, Eiweiß, Saponinen, Schleimstoffen, Flavonoiden, Kiesel-, Oxal- und Linolensäure. Schmeckt wie rohe Maiskolben.

Tipp 2:

Waschen Sie die Kräuter. Das entfernt möglicherweise daraufsitzende Eier des Fuchsbandwurmes. Beim Erhitzen werden die Eier aber sicher abgetötet.

GOOD OLD GERMAN

NICHT NUR DIE MITTELMEERKÜCHE hält Gesundes bereit. Auch hierzulande wächst Superfood.

Kohl und Spargel

Roh, gekocht oder fermentiert – alle Kohlsorten sind sehr gesund. Spargel liefert Folat.

Kartoffeln

Sie liefern Ballaststoffe, Mineralien, Vitamin C und gutes Eiweiß. Rote und blaue Knollen sind am gesündesten.

Beeren

Ob Him-, Erd-, Blau-, Stachel- oder Johannisbeere – alle liefern viele Vitamine, Ballaststoffe und bioaktive Substanzen.

Äpfel und Birnen

Rund 2 000 Sorten Äpfel gibt es allein in Deutschland. Vitamine, Ballaststoffe und bioaktive Substanzen machen sie so gesund. Birnen stehen nur wenig nach.

Kirschen und Weintrauben

Zahlreiche Vitamine, Mineralien, Ballaststoffe und sekundäre Pflanzenstoffe! Bei Trauben sind rote Sorten mit Kernen zu bevorzugen.

Roggenbrot

Roggen hat einen hohen Anteil an Ballaststoffen. Diese sind zusammen mit Phenolen für sein herzschützendes Potenzial verantwortlich.

Milchprodukte

Joghurt, Kefir, Sauermilch, Quark, Harzer Käse, Emmentaler – Milchprodukte sind gut für die Darmgesundheit.

Gute Öle

Nicht nur Olivenöl – auch Raps-, Walnuss- und Leinöl haben es in sich und kommen oft aus der Region.

Nüsse und Samen

Haselnüsse, Walnüsse, Mohn und Leinsamen liefern Fettsäuren, Ballaststoffe, Eiweiß und Mineralien.

PILZE: NATURBELASSEN GUT

Pilze erfreuen sich großer Beliebtheit. Sie schmecken gut und sind gesund. In ihren Zellmembranen enthaltene Beta-Glukane sollen die Nerven schützen, den Cholesterinspiegel senken, die Immunabwehr stärken und vor Krebs bewahren. Lektine und Peptide gehen gegen Bakterien und Viren vor, Sterole schützen das Herz, phenolische Verbindungen bewahren vor Allergien.

Wie bei Gemüse und Obst gilt es, auch Pilze vollständig zu verzehren, will man alle wertvollen Inhaltsstoffe aufnehmen.

Für einige von ihnen interessiert sich auch die Pharmaindustrie. Vor allem in China und Japan beliebt ist die Mykotherapie – also das Heilen mit Pilzen. Auch hierzulande gibt es Nahrungsergänzungsmittel, etwa auf Basis des Schopftintlings. Sie sollen gegen hohen Blutzucker helfen, ein Wirkungsnachweis beim Menschen fehlt allerdings.

Pilzesser sind gesünder

Pilze liefern alle unentbehrlichen Aminosäuren – wichtig vor allem für Veganer. Außerdem enthalten die Wald- und Wiesengewächse viele Ballaststoffe, wenig Fett, dafür Selen, Eisen, Zink, Magnesium, B-Vitamine (darunter einiges an Folat) sowie die Vitamine D und E. Allerdings variieren die Gehalte je nach Art, Standort oder Alter stark.

Pilzessern wird gemeinhin eine bessere Gesundheit bescheinigt. Ob das tatsächlich an den Pilzen liegt oder einem insgesamt ausgewogeneren Speiseplan ist jedoch ungewiss. Einige Menschen vertragen Pilze leider nicht. Das liegt vor allem am schwer verdaulichen Chitin in den Zellwänden. Eine Rolle spielen auch die Gene.

Tschernobyls Erbe wirkt weiter

Da einige Arten sehr giftig sind, sollten grundsätzlich nur Menschen Pilze sammeln, die sich gut auskennen. In vielen Städten gibt es Pilzberatungsstellen, in denen Experten die gesammelten „Schwammerl" eindeutig bestimmen können.

Leider gibt es Gegenden in Deutschland, deren Bewohner besser gar nicht „in die Pilze" gehen sollten. So werden in den bayerischen Gebieten südlich der Donau auch 32 Jahre nach der Katastrophe von Tschernobyl noch hohe Strahlenbelastungen mit Cäsium-137 gemessen. Laut Analysen des Bundesamtes für Strahlenschutz von 2014 bis 2016 waren Speisepilze teilweise mit 1000 Becquerel pro Kilogramm (Bq/kg) extrem verstrahlt. Besonders hohe Ausschläge am Geigerzähler verursachten der Orangefalbe sowie der Braunscheibige Schneckling, der Gemeine Erdritterling, der

Semmelstoppelpilz sowie Maronenröhrling und Brauner Scheidenstreifling.

In den Handel dürfen nur Waldpilze mit einem maximalen Gehalt von 600 Bq/kg gelangen. Trotzdem landen laut Öko-Institut München zuweilen auch höher belastete Chargen auf unseren Tellern. So fand man verstrahlte Pfifferlinge, die laut Etikett aus „Ungarn" und „Makedonien" kamen. Vermutlich stammten sie jedoch aus belasteten Ländern wie Österreich oder der Ukraine.

Nicht mehr als 250 Gramm Wildpilze pro Woche

Die Deutsche Gesellschaft für Ernährung (DGE) rät, pro Woche nicht mehr als 250 Gramm Wildpilze zu verzehren – zumal sich in ihnen auch Schwermetalle wie Quecksilber und Kadmium sowie Pestizide anreichern können. Vor allem Pilze, die an Straßenrändern oder Golfplätzen wachsen, sind häufig stark belastet.

Manche Experten halten die aktuell geltenden DGE-Grenzwerte für Wildpilze noch für zu hoch. Ihr Argument: Selbst geringste Strahlendosen entfalten im menschlichen Körper ihre schädigende Wirkung. Einig sind sich die Fachleute jedoch in einem Punkt: Um ihre Gesundheit zu schützen, sollten Schwangere und Kleinkinder vorsichtshalber gar keine Wildpilze essen.

Extra-Tipp: Zuchtpilze sind weder verstrahlt noch mit Schwermetall belastet. Allerdings bilden sie kaum Vitamin D und die Sortenauswahl ist wesentlich geringer.

Pilze nur einmal aufwärmen

Pilze jeder Art lassen sich ohne Probleme aufwärmen. Anderslautende Warnungen sind Relikte aus Großmutters Zeiten. Heute, in Zeiten moderner Kühlschränke, sind sie längst obsolet. Hintergrund: Wegen ihres hohen Wasser- und Eiweißgehaltes sind Pilze sehr leicht verderblich. Werden Pilzreste nicht ausreichend kühl gelagert, können sich auf ihnen Mikroorganismen rasch vermehren und Mykotoxine bilden. Ein zweites Mal aufgewärmt, können die Pilzreste Magen-Darm-Probleme auslösen. Wer also etwas von seinem Pilzgericht übrig hat, sollte den Rest flugs abdecken, in den Kühlschrank stellen und spätestens nach 24 Stunden verbrauchen.

Extra-Tipp: Da Pilze leicht verderblich sind, sollten sie nie in einer Plastiktüte gesammelt oder in dieser längere Zeit aufbewahrt werden. Besser eignen sich ein Bast- oder Spankorb.

Wildpilze besser durchgaren

Kulturpilze wie Champignons, Shiitake oder Austernseitlinge aber auch die Wildpilze Kaiserling und Steinpilz gelten in geringen Mengen als roh essbar. Voraussetzung: Sie sollten frisch sein. Alle anderen Wildpilze sollten mindestens 15 Minuten durchgegart werden. Manche, wie der Hallimasch, werden durch das Erhitzen sogar erst essbar. Zudem können Wildpilze Eier des Fuchsbandwurmes in sich tragen, die erst durch Kochen abgetötet werden.

SPICE IT UP!

MIT GEWÜRZEN UND KRÄUTERN lässt sich jedes Gericht aufpeppen – auch in Sachen Gesundheit.

Verdauungsfördernd

Scharfe Gewürze, aber auch Beifuss, Bohnenkraut, Estragon, Fenchel, Kümmel, Majoran, Paprika und Salbei

Durchblutungsfördernd

Scharfe Gewürze wie Pfeffer, Chili, Ingwer, Paprika, Wasabi, aber auch Rosmarin

Entwässernd

Petersilie, Basilikum, Knoblauch, Kresse und Borretsch

Beruhigend für den Magen

Anis, Kümmel, Dill, Fenchel, Koriander, Wacholder, Muskat, Bohnenkraut, Galgant, Kurkuma, Liebstöckel und Wermut

ÄTHERISCHE ÖLE lassen Gewürze und Kräuter ein Feuerwerk an Aromen zünden. Auch Bitter-, Farb- und Gerbstoffe tragen zum Aroma bei. Die Pflanzen bilden diese Stoffe zum Beispiel, um Fraßfeinde abzuschrecken oder Bestäuber anzulocken. Neben ihrem wunderbaren Geschmack werden den Würzmitteln deshalb zahlreiche Heilwirkungen nachgesagt.

- **Erfahrungswissen:** Schon antike Völker nutzten die Heilkraft von Kräutern. Auch im Mittelalter wussten Menschen ein Menge über den Schatz der Klostergärten.
- **Gegen Volksleiden:** Es gibt wissenschaftliche Hinweise, dass Knoblauch, Zimt und Ingwer vor Herz-Kreislauf-Erkrankungen schützen. Dafür verantwortlich sind Polyphenole oder Allicin. Weniger eindeutig sind die Studienergebnisse in Sachen Krebsprophylaxe.
- **Frische Kräuter:** In feuchtes Küchenpapier oder ein Tuch eingeschlagen lassen sie sich in einem Plastikbeutel im Kühlschrank aufbewahren.

DIE DOSIS MACHT'S

GEWÜRZE UND KRÄUTER KÖNNEN HEILSAME WIRKUNG haben – oder schaden. Darum sollten sie wohldosiert im Essen landen.

Zimt

Cassia-Zimt enthält allerhand schädliches Cumarin. Wer viel mit Zimt würzt, sollte auf die Sorte Ceylon zurückgreifen.

Salz

Wer reichlich würzt kann Salz einsparen – ohne dass das Essen fade schmeckt.

Knoblauch

Manche Menschen reagieren auf die scharfe Knolle mit Magen-Darm-Beschwerden. Auch Zimt, Ingwer und Thymian sind in größeren Mengen teil schlecht verträglich.

Chili

Bei übermäßigem Chiliverzehr drohen Übelkeit, Erbrechen oder Bluthochdruck. Milde Sorten sind etwa: Anaheim, Peperoncini, Poblano.

Salbei

Salbei sollte nicht täglich verwendet werden. In den Blättern steckt unter anderem das Nervengift Thujon. Dieses ist auch in Absinth enthalten und kann in hohen Dosen zu Blindheit oder Halluzinationen führen.

Waldmeister

In Waldmeister enthaltenes Cumarin kann – hoch dosiert – Kopfschmerzen auslösen.

Getrocknet

Getrocknete Gewürze und Kräuter wie Lorbeer sollte man in kleinen Mengen kaufen. Bei langer Lagerung verlieren sie ihr Aroma. Licht und Luft beschleunigen den Prozess, daher möglichst luftdicht und dunkel aufbewahren.

Muskatnuss

In großen Mengen verzehrt hat Muskat halluzinogene Wirkungen. Auch Herzbeklemmung, Übelkeit und Kopfschmerzen können auftreten.

EAT SWEET?

Vor allem Birnen, Trauben, Äpfel und Süßkirschen liefern viel **FRUCHTZUCKER**. Empfindliche Menschen können davon Magen-Darm-Beschwerden bekommen.

URSPRÜNGLICH WAR DER GESCHMACKSSINN eine Art Navigationsgerät in der mit Giften durchsetzten Umwelt. Zucker zeigte dem Steinzeitmenschen an: „Viel Energie und ungiftig". Kein Wunder also, dass wir so gern Süßes essen. Bitterstoffe in Pflanzen sind hingegen oft – aber nicht immer – lebensgefährlich. Viel davon liefern auch Grapefruit, Chicorée, Löwenzahn, Linsen, Soja, Kaffee und grüner Tee – und die sind sehr gesund. Da die meisten Menschen Bitteres jedoch nicht mögen, wurden diese Inhaltsstoffe zum großen Teil weggezüchtet.

BITTER IS BETTER!

AM BEISPIEL ITALIEN lässt sich zeigen, dass die Abwehr gegen bitteren Geschmack zwar angeboren ist – doch schon Kinder lernen können, dass „bitter" nicht immer „Gefahr" bedeutet. Dort bekommen bereits Babys Artischocken in den Brei gemischt. Viele Bitterstoffe gelten als überaus gesund und helfen bei der Verdauung – ein Grund warum Espresso und Kräuterlikör häufig nach Mahlzeiten getrunken werden. Zugleich hemmen Bitterstoffe den Appetit. Obendrein wird diskutiert, ob sie Gefäße schützen und sogar Krebs vorbeugen.

RICHTIG GESALZEN

Seit Jahren streiten sich die Gelehrten über die richtige Menge Salz. Fakt ist: Zu viel Speisesalz (Natriumchlorid) kann bei sensiblen Personen den Blutdruck erhöhen. Denn Natrium im Übermaß ist ein Risikofaktor für Gefäß- und Herzkrankheiten. Schätzungsweise 29 Prozent aller gesunden und 56 Prozent der Menschen mit hohem Blutdruck zählen zu den salzsensitiven Personen. Allerdings: Für einen normalen Blutdruck sind viele andere Faktoren wichtig: eine kaliumreiche Ernährung, Sport, Normalgewicht, Nichtrauchen und Stressabbau.

Höchstens 6 Gramm pro Tag

Salz fördert obendrein Entzündungen und so möglicherweise auch das Entstehen von Magenkrebs. Auch Osteoporose und Nierenerkrankungen können Folge eines übermäßigen Salzkonsums sein. Erwachsenen empfiehlt die Deutsche Gesellschaft für Ernährung (DGE) vorsorglich, pro Tag höchstens 6 Gramm Speisesalz zu sich zu nehmen. Die meisten Deutschen essen jedoch mit 8 bis 10 Gramm mehr als empfohlen. Vor allem Männer ziehen Salzhaltiges vor. Kombinationen aus Salz, Fett und Zucker gelten als besonders appetitanregend. Einige Experten halten Salz darum für einen Mitverursacher von Übergewicht.

Wo Salz drin steckt

Wer künftig weniger Salz essen will, muss jedoch nicht auf den Salzstreuer daheim verzichten. Nur rund 2 Gramm der täglichen Zufuhr geht auf die Zubereitung frischer, unverarbeiteter Lebensmittel zurück. Der Löwenanteil an Salz stammt aus Brot, Wurst, Käse und Fertigprodukten.

Besonders salzreich ist Knabbergebäck wie Chips und Salzstangen. Auch Salami, Räucherschinken, Hartkäse, Gorgonzola, Tiefkühlpizza, Fertigsaucen und Gewürzmischungen enthalten jede Menge. Eine Tiefkühlpizza liefert nach Analysen der Stiftung Warentest im Schnitt 5,1 Gramm. Auch Bami-Goreng-Fertiggerichte waren im Test meist zu salzig, während Nudelgerichte rund 3 Gramm lieferten. Sogar Erbsenkonserven können pro Portion bis zu 1 Gramm Salz enthalten. Nicht zuletzt sind viele Mineralwässer reich an Natrium. Kleine Hilfe: Seit Ende 2016 müssen Hersteller auf der Produktverpackung statt des Natriumgehalts den Salzgehalt angeben.

Gibt es gesündere Salzsorten?

Himalaya-Salz, Persisches Blausalz, Ur-Salz, Fleur de Sel – Sorten wie diese werden oft mit einem besonders hohen Mineralstoffgehalt beworben. Angesichts der normaler-

Salz in Lebensmitteln

Produkt-kategorie	Produkt	Salz in g/100 g	Salzärmere Alternative	Salz in g/100 g
Wurst	geräucherter Schinken	5,3	gekochter Schinken	2,5
	deutsche Salami	5,4	Putensalami	3,2
	Fleischwurst	2,5	Mortadella	1,7
	Bierschinken	2,8	Leberwurst, fein	1,7
	Lachsschinken	6,1	Putenbrust	3,1
Käse	Gouda, 40 % F. i. Tr.	2,8	Frischkäse Doppelrahmstufe	1
	Greyerzer, 45 % F. i. Tr.	1,5	Emmentaler, 45 % F. i. Tr.	0,9
	Gorgonzola, 55 % F. i. Tr.	3,6	Camembert, 45 % F. i. Tr.	1,7
	Feta	2,4	Mozzarella	0,5
Knabber-gebäck	Cracker	2,4	Käsegebäck, Blätterteig	0,5
	Salzstangen	4,5	Sesamstangen	0,8
Convenience	Maultaschen, gebraten	1,4	Tortellini, italienisch	0,6
	Pizza Salami	1,4	Flammkuchen	0,5
	Käsespätzle	1,4	Spaghetti mit Tomatensauce	0,3

Quelle: Verbraucherzentrale

weise verwendeten Salzmengen ist die Nährstoffzufuhr jedoch minimal. Schließlich besteht jedes Salz zu mindestens 93 Prozent aus Natriumchlorid. Obendrein sind solche Feinschmeckersorten teils mehr als hundertmal so teuer wie normales Speisesalz. Man kann sie also getrost im Regal stehen lassen.

Die DGE empfiehlt jedoch, Jodsalz zu verwenden. Immerhin rund 30 Prozent der Deutschen sind nicht ausreichend mit dem lebensnotwendigen Spurenelement versorgt. So ist Jod wichtiger Bestandteil der Schilddrüsenhormone. Zur Beruhigung: Wer jodiertes Speisesalz verwendet, muss laut DGE keine Überdosierung befürchten.

ESSIG: SAUER MACHT LUSTIG

Der im antiken Griechenland lebende Arzt Hippokrates setzte Essig zur Bekämpfung von Infektionen und bei Fieber ein. So empfahl er mit Essig getränkte Wundverbände bei Geschwüren und eine Mixtur aus Essig und Honig gegen Atemwegsbeschwerden.

Auch das Servieren von Salaten mit Essig-Öl-Dressing ist eine altbewährte Methode, die vor allem die Franzosen seit dem Mittelalter pflegen. Heute weiß man, dass die „Vinaigrette" nicht nur den Geschmack verbessert, sondern dass Rohkost dadurch auch gesünder wird. Essig besitzt das Vermögen, die Keimbelastung stark zu reduzieren. So eliminiert er bis zu 99 Prozent potenziell schädlicher Salmonellen (Salmonella enterica). Studien belegen auch eine Wirkung gegen Viren, etwa gegen die starken Durchfall verursachenden Noroviren.

Marinaden senken den pH-Wert

Essighaltige Marinaden senken den pH-Wert des marinierten Lebensmittels, was Krankheitskeimen nicht gut bekommt – sie sterben ab. Die Lebensmittelindustrie macht sich das keimabtötende Potenzial von Säure zunutze, indem sie bei der Produktion von Schnittsalaten das Waschwasser mit Zitronensäure versetzt. Das beseitigt ebenso 99 Prozent der anhaftenden Bakterien. Nichts spricht also dagegen, Salate mit Zitronensaft anzumachen. Weniger wirksam sind hingegen Joghurt-Dressings. Auch Mayonnaise im Dressing neutralisiert die Säure und schwächt damit die desinfizierende Wirkung. Wegen seiner Wirksamkeit gegen Bakterien wird Essig seit Jahrhunderten auch zum Haltbarmachen von Gemüse verwendet. So sind bei uns saure Gurken und in England Mixed Pickles sehr beliebt.

Essigmutter statt Fruchtfliegen

Früher stellte man Essig her, indem man einfach einen Krug Bier oder Wein offen stehen ließ. Die Essigsäurebakterien gelangten dann beispielsweise im „Gepäck" von Fruchtfliegen hinein. Heute wird Essig industriell unter Zugabe von „Essigmutter" hergestellt – einer gallertartigen Masse, in der sich die Bakterien tummeln.

Gut für die Gesundheit

Essig wird auch geschätzt, da er bestimmte Lebensmittel wie Hülsenfrüchte besser verträglich macht. Seine Säure regt die Speichelbildung an und bringt die Verdauungsenzyme auf Trab. Doch Essig kann noch mehr: Er senkt Blutzucker und Blutfettwerte. Möglicherweise schützt er also vor Diabetes und Herz-Kreislauf-Erkrankungen.

Insbesondere Balsamico-Essig enthält zahlreiche Polyphenole, die das LDL-Cholesterin im Blut senken. In Tierversuchen wirkte essighaltiges Futter sogar gegen Krebszellen. Für Menschen fehlen jedoch aussagekräftige Studien. Reste der Salatsauce auszutrinken, wie es manche Menschen machen, ist jedenfalls nicht falsch.

Für die Eigenschaften von Essig sind außer Polyphenolen organische Säuren – allen voran Essigsäure – sowie Melanoide verantwortlich. Die Substanzen werden von Essigsäurebakterien aus Alkohol und Zucker gebildet oder sind bereits im Ausgangsmaterial, etwa Rotwein, enthalten.

Mythos Apfelessig

Viele Heilpflanzen-Fans schwören auf Apfelessig. Ein entsprechender Morgentrunk, eventuell mit Honig versüßt, soll beim Abnehmen helfen. Am Menschen belegt ist diese Wirkung des Apfelessigs jedoch nicht. Unstrittig ist dagegen, dass Essigsäure bei Menschen ein Gefühl der Sättigung hervorruft. So kommt eventuell nach einer Salatmahlzeit nicht so schnell wieder Hunger auf. Dies ist jedoch nicht nur eine Eigenschaft des Apfelessigs – schließlich kommt Essigsäure auch in Wein-, Trauben- und Getreide-Essig vor.

Auch andere Heilsversprechen zum Thema Apfelessig sind nicht belegt, etwa dass er gegen Arthritis und Allergien wirke, die Arterien reinige und Blasenentzündungen lindern könne.

Extra-Tipp: Fruchtsäuren in Lebensmitteln werden im Körper vollständig zu Kohlendioxid abgebaut, das schließlich ausgeatmet wird, weshalb Essig paradoxerweise basisch wirkt. Er wird deshalb im Rahmen einer Säure-Base-Diät teils als Morgentrunk eingesetzt.

... oder doch eher schädlich?

Selbst ernannte Ernährungsexperten behaupten zuweilen, Essigsäure sei schädlich. Dafür gibt es jedoch keinen Beleg. Dass der Genuss von Essig die Speiseröhre verätzt und zu Krebs führen kann, ist eine ebenfalls unbelegte Behauptung. Zu viel Essig kann allerdings den Kaliumpegel im Blut absenken. Wie immer gilt es hier, die richtige Dosis im Auge zu behalten.

Aceto Balsamico: Oft gepanscht

Leider ist der Begriff Balsamessig („Aceto Balsamico") nicht geschützt. Nur „Aceto Balsamico di Modena" sowie „Aceto Balsamico Tradizionale" müssen strenge Kriterien erfüllen: So darf die Essigsäure nur aus Weintrauben stammen. Der Essig muss zudem mindestens 60 Tage im Holzfass gereift sein. Balsamessig schmeckt fruchtig und bei traditioneller Herstellung nach Holz. Leider halten nicht alle Balsamicosorten diese Regeln ein, wie Tests belegten. Auch in den traditionell hergestellten Sorten darf übrigens die Farbe durch Karamell oder Zuckercouleur „stabilisiert" werden.

BLASSER VIELFLIEGER?

ERDBEEREN UND TOMATEN IM WINTER? Exotische Früchte das ganze Jahr über? Das klingt verführerisch, die Sache hat jedoch gleich mehrere Haken: Früchte aus Südeuropa und Übersee werden noch unreif geerntet, damit sie den Transport gut überstehen. Danach lässt man sie in Lagerhallen künstlich nachreifen. Hinzu kommt: Für den Export werden meist jene Sorten angebaut, die zwar stabil und ertragreich sind – aber weniger Nährstoffe liefern. Viel gesünder ist es, konsequent auf saisonales und regionales Obst und Gemüse zu setzen.

SONNIGES FRÜCHTCHEN!

JE LÄNGER EINE FRUCHT am Baum, Strauch oder auf dem Feld reifen und ihre Aroma- und Farbstoffe entfalten konnte, desto stärker steigt ihr Gehalt an gesundheitsfördernden Stoffen. So enthalten reif statt hellrot gepflückte Tomaten bis zu siebenmal mehr Lykopin und Beta-Karotin. Im Sommer geernteter Freilandsalat liefert drei- bis fünfmal so viele Flavonoide wie Gewächshaussalat im Frühjahr. Darüber hinaus lohnt es sich, verschiedene – auch alte – Sorten auszuprobieren. Viele davon punkten mit noch mehr sowie anderen bioaktiven Stoffen.

SUPERFOOD?

In Superfoods werden bei **LEBENSMITTELKONTROLLEN** immer wieder Pestizide, Schwermetalle, Schimmelpilze, Mineralöl sowie Polyzyklische Aromatische Kohlenwasserstoffe (PAK) gefunden.

GERSTENGRAS, CHIASAMEN, ACAI, QUINOA – zahlreichen exotischen Lebensmitteln werden vor allem in Internetforen fantastische Wirkungen nachgesagt. So machen Chiasamen angeblich schlank, regulieren den Blutzucker und wirken gegen Gelenkschmerzen und Sodbrennen. Die Früchte der brasilianischen Açaí-Palme sollen bei Erschöpfung helfen, schlank machen und vor Herzproblemen, Arthrose und Krebs schützen. Auch Gerstengras und Quinoa wirken demnach Wunder. Leider ist nichts davon wissenschaftlich eindeutig nachgewiesen.

SUPER GUT!

Genauso gesund, aber viel günstiger sind **REGIONALE PRODUKTE**. So kosten Leinsamen nur rund ein Fünftel von Chiasamen.

ACHTUNG!

Egal ob Lein-, Chia- oder Hanfsamen: Nur in geschroteter Form kann der Körper etwas mit den darin enthaltenen ungesättigten Fettsäuren anfangen.

AUCH IN HEIMISCHEN GEWÄCHSEN stecken Omega-3-Fettsäuren, die Chia- und Hanfsamen so gesund machen sollen. Als Alternative zu Chia eignen sich Leinsamen sowie Hasel- und Walnüsse. Ähnlich gesund wie Aronia oder Açaí sind dunkle Beeren, Holunder, Kirschen oder rote Weintrauben mit ihren vielen Anthocyanen. Auch Weizengras ist zu toppen: Eine Portion Lauch enthält mehr von dem gesunden Beta-Karotin. Der Eiweißgehalt von Quinoa kann schließlich mit einer Kombi aus Hülsenfrüchten und Getreide erreicht werden.

KNACKFRISCH?

Je länger Gemüse bei Zimmertemperatur oder im Kühlschrank lagert, desto größer der **NÄHRSTOFFVERLUST**, etwa an Vitaminen.

ACHTUNG!
Frisches Gemüse verliert bereits auf dem oft weiten Transportweg sowie beim Lagern im Supermarkt wertvolle Nährstoffe.

LANGES LAGERN lässt in empfindlichem Obst und Gemüse den Gehalt an Vitamin C, B-Vitaminen und sekundären Pflanzenstoffen sinken. Bei Supermarktware kann der Erntezeitpunkt zudem schon länger zurückliegen. Weniger empfindlich sind Kohl, Karotten und Kartoffeln.

60 % des beim Kauf enthaltenen Vitamin C haben grüne Bohnen, Brokkoli und Rosenkohl bereits nach vier Tagen im Kühlschrank verloren. Unverpackter Salat hat sogar schon nach zwei Tagen im Kühlschrank rund die Hälfte seines ursprünglichen Gehalts an Vitamin C eingebüßt.

FROSTFRISCH!

TIEFKÜHLGEMÜSE ist in Sachen Nährstoffe ganz vorn dabei. Mithalten kann da lediglich erntefrisches Gemüse – und nur, wenn man es schnell verbraucht.

EXTRA VIEL Vitamin B_6

ACHTUNG!

TK-Gemüse muss nicht aufgetaut werden. Bohnen, Möhren, Erbsen, Blumenkohl & Co. kommen aus dem Eisfach in den Topf.

ALS WENIGER GESUND gelten Obst und Gemüse aus der Kühltruhe im Vergleich zu frischem und frisch zubereitetem Produkten. Doch TK-Ware wird reif geerntet und innerhalb von zwei bis vier Stunden blanchiert und tiefgefroren. Dabei gehen kaum Nährstoffe verloren.

20 % des ursprünglichen Vitamin-C-Gehaltes verlieren bei der Ernte tiefgefrorene grüne Bohnen – allerdings innerhalb eines Zeitraums von vier Monaten! Frische grüne Bohnen haben beim Kauf im Supermarkt durch Lagerung im Schnitt bereits 50 Prozent an Vitamin C eingebüßt.

AUCH KONSERVIERT GESUND

Viele Menschen lassen nur frische Kost als gesund gelten. Doch haltbar gemachte Lebensmittel sind oft gesünder als gedacht. Ihr Vorteil ist, dass krankmachende Keime keine Chance bekommen, sich anzusiedeln. Zu den Konservierungsmethoden zählen neben dem Einfrieren auch Trocknen, Einlegen in Essig (siehe S. 42), Einzuckern und Einsalzen sowie Fermentieren (siehe S. 156).

Möglichst schnell einfrieren

Die Kältekonservierung besitzt eine lange Tradition. Schon in der Steinzeit lagerten unsere Vorfahren Lebensmittel in tiefen Höhlen, um sie vor dem Verderben zu schützen und für Notzeiten vorzusorgen.

Vorgänge in Pflanzenzellen, die Obst und Gemüse verderben lassen, sind vom enthaltenen Wasser abhängig. Gefriert dieses Wasser, werden Abbauprozesse verlangsamt oder sogar gestoppt. Doch Vorsicht: Wird ein Lebensmittel langsam eingefroren, bilden sich große Eiskristalle, die die Zellwände zerstören. Das aufgetaute Lebensmittel ist dann matschig oder trocken.

Um dies zu verhindern, sollten Lebensmittel möglichst schnell gefrieren. Das funktioniert im modernen Haushalt, indem man kleinere Mengen in flachen, zuvor gründlich gereinigten Behältern einfriert. Außerdem ist es ratsam, die Speisen mit Inhalt und Datum zu beschriften. So lassen sie sich rechtzeitig verbrauchen (siehe Tabelle rechts).

Salz und Gewürze

Salz entzieht Zellen Wasser. Daher empfiehlt es sich, Rohes und Blanchiertes ungesalzen einzufrieren. Der Geschmack von Gewürzen kann sich durch das Einfrieren verändern: So verlieren etwa Anis, Bohnenkraut, Majoran, Muskat, Paprika, Pfeffer und Senf in der Kälte an Geschmack. Bei Basilikum, Dill, Estragon, Salbei und Thymian verstärken Minusgrade den Geschmack dagegen. Bei vielen anderen Gewürzen wirkt sich das Einfrieren nicht aus.

Auftauen will gelernt sein

Obst, Gemüse und Hülsenfrüchte lassen sich direkt im Topf auftauen. Das Auftauen bei Zimmertemperatur empfiehlt sich für Kuchen, rohes Obst und Quark – also Lebensmittel, die nicht mehr erhitzt werden. Fleisch und Fisch sollten am besten über Nacht im Kühlschrank auftauen. So verhindert man, dass sich möglicherweise in ihnen befindliche Bakterien unnötig vermehren. Das Auftauwasser sollte grundsätzlich weggeschüttet, Fleisch und Fisch anschließend direkt verarbeitet werden.

Was lässt sich einfrieren?

Lebensmittel	Haltbarkeit (in Monaten)
Hülsenfrüchte, Kohl, Spinat, Karotte, gekocht	6 bis 18
Pilze	6 bis 8
Kräuter, roh	6 bis 10
Quark, Butter, Käse, Sahne	2 bis 12
Eigelb, Eiweiß	8 bis 12
Beeren (roh), Obstpüree, Kern- und Steinobst (blanchiert)	8 bis 24
Fleisch, Fisch, Geflügel, roh oder gekocht	je nach Fettgehalt 1 bis 12
Backwaren	1 bis 6
Getreide, gekocht	6
Fertige Speisen	3–12

Quelle: aid-Broschüre, Tiefkühlkost

Gefriergetrocknete Küchenkräuter

Die Gefriertrocknung gilt als relativ schonendes Verfahren. Dabei gehen Thymian, Rosmarin & Co. kaum Vitamine oder Aromastoffe verloren. Bei dem Verfahren wird den Kräutern Wasser entzogen. Bezogen auf ihr Gewicht sind getrocknete Kräuter deshalb sogar nährstoffreicher als frische. Da sie meist jedoch nur in sehr geringen Mengen verwendet werden, ist ihr Anteil an der Vitaminzufuhr gering.

Trockenfrüchte und Tomaten

Trockenfrüchte sind trotz ihres teils hohen Gehaltes an Fruchtzucker gesund. Sie liefern eine Menge Ballast- und Mineralstoffe. So stecken in 50 Gramm getrockneten Aprikosen ca. 9 Gramm Ballaststoffe, 0,7 Gramm Kalium, 0,002 Gramm Eisen und 0,017 Gramm Beta-Karotin.

Zudem sollte kein Zucker zugesetzt sein, wie es etwa bei Feigen und Mangos üblich ist. Da Schwefeln Vitamine zerstört und zu Kopfschmerzen und Übelkeit führen sowie Asthmaanfälle auslösen kann, ist es besser, ungeschwefelte Ware zu kaufen.

Getrocknete Tomaten enthalten neben den Vitaminen B_1, B_6, C und E reichlich Kalium, Beta-Karotin und Lykopin.

... und was nicht?

Blattsalat, Radieschen, Rettich, rohe Zwiebeln, Gurken, Tomaten
Buttermilch, Dickmilch, Joghurt, Sauerrahm
rohe Eier in der Schale, gekochte Eier
rohe Weintrauben, ganze Äpfel, Birnen, Wassermelone
Gebäck mit frischem Obst
rohe Kartoffeln

Quelle: aid-Broschüre, Tiefkühlkost

SCHNELLE VITAMINE?

SMOOTHIES LIEGEN SCHON LÄNGER IM TREND: Kein Wunder, nimmt man mit ihnen doch ohne Aufwand größere Mengen gesunder Frischkost zu sich. Doch Vorsicht: Da die Pflanzenzellen beim Pürieren aufgespalten werden, enthalten Smoothies viel frei verfügbaren Zucker. Dieser geht rasch ins Blut und lässt den Insulinspiegel hochschießen. Es gibt Hinweise, dass große Mengen an „flüssigem Obst" Übergewicht und Diabetes fördern. Der viele Fruchtzucker kann bei empfindlichen Personen obendrein zu akuten Magen-Darm-Beschwerden führen.

LANGSAMER ZUCKER!

GUTE GRÜNDE SPRECHEN FÜR GANZES OBST:
Da die Zellwände erst bei der Verdauung aufgespalten werden, geht der enthaltene Zucker nur nach und nach ins Blut. Zudem enthalten ganze Früchte mehr gesunde Inhaltsstoffe als Smoothies. Isst man die Schale von Äpfeln, Birnen und Pflaumen mit, bekommt man die volle Ladung Ballaststoffe ab. Gleichzeitig sorgt ganzes Obst durch sein größeres Volumen für eine bessere Sättigung. Schließlich macht das Kauen von Rohkost auch schneller satt, reinigt die Zähne und stärkt obendrein den Zahnschmelz.

KÜHLSCHRANK ODER OBSTKORB?

Unsere Vorfahren pflegten ihre Ernte von Kartoffeln, Kohlköpfen, Karotten und Rüben im Keller zu überwintern. Hier lagen sie in mit Sand oder Stroh gefüllten Holzkisten, Mieten genannt. Zudem besaß jeder Haushalt eine unbeheizte und dunkle Vorratskammer, in der Obst und Gemüse lagerten.

Wir modernen Verbraucher haben – sieht man vom derzeit grassierenden Einmach-Trend ab – meist nur noch die Wahl zwischen Obstkorb und Kühlschrank. Gekühlt verderben Obst und Gemüse zwar nicht so schnell und verlieren weniger Vitamine. Allerdings büßen einige Sorten bei niedrigen Temperaturen ihr Aroma ein.

Nicht in den Kühlschrank

Bestes Beispiel: die Tomate. Tomaten verderben im Kühlschrank zwar nicht so schnell, schaffen es hier jedoch kaum, ihr Aroma voll zu entwickeln. In gekühlten Tomaten stecken nach 30 Tagen rund 70 Prozent weniger Aromastoffe als in bei Zimmertemperatur gelagerten. Obendrein verleiht Kälte ihnen eine mehlige und gummiartige Konsistenz. Doch nur die Entwicklung sämtlicher Aromen lässt den Umami-Geschmack entstehen – neben süß, sauer, bitter und salzig unser fünfter Grundgeschmack und einer der Hauptgründe für die Beliebtheit der Tomate.

Kälteschädigung (Chilling Injury) heißt ein Phänomen, das vor allem tropische Früchte betrifft. Die Symptome: Oberflächenverletzungen, innere und äußere Verfärbungen, Wasseraufnahme und blockierte Reifung. Dadurch werden Bananen im Kühlschrank schneller braun. Zudem schimmeln betroffene Früchte schneller.

Im Gegensatz dazu sind Erdbeeren im Kühlschrank deutlich länger haltbar. Leider geht ihnen dabei eine Menge Geschmack verloren. Für den Aromaverlust ist unter anderem der Zuckerabbau verantwortlich, der nur im Kalten stattfindet.

Ebenfalls bei Zimmertemperatur sollten Pfirsiche und Nektarinen ausreifen. Insbesondere unreife Pfirsiche werden im Kühlen trocken und mehlig. Sind sie reif, lassen sie sich noch rund drei Tage ohne Aromaverlust im Kühlschrank aufbewahren.

Harte Avocados wickelt man zum Nachreifen in Zeitungspapier. Im Kühlschrank werden sie unter Umständen gar nicht weich, sondern gummiartig und bitter. Einmal weich lassen sich Avocados noch ein paar Tage im Kühlschrank aufbewahren. Werden sie zu kalt gelagert, zeigt das Fruchtfleisch grau-braune Verfärbungen.

Extra-Tipp: Tomaten, Äpfel, Avocados und Bananen bilden das Reifegas Ethylen. Legt man unreife Früchte oder Gemüse neben sie, reifen diese nach. Bereits ausgereiftes Obst verdirbt dann aber auch schneller.

Ab ins Kühle

Die Paprika gehört trotz ihrer Herkunft aus warmen Regionen in den Kühlschrank. Die Kälte verhindert, dass Wasser verloren geht. Damit bleibt die glatte Textur der saftigen Schoten erhalten, die bei Zimmertemperatur bald schrumpeln würden. Zudem kann die Kälte ihrem Aroma kaum etwas anhaben. Paprikas dürfen andererseits nicht zu kalt lagern, da sich sonst Symptome einer Kälteschädigung zeigen können, etwa Schimmel am Stiel, Dellen in der Haut oder schwarze Kerne. Ideal sind 7 Grad Celsius.

Äpfel verändern im Kühlen das Aroma nicht so stark, dafür werden Verderbsprozesse wie die Bräunung verlangsamt. Sie lassen sich bei Zimmertemperatur rund sieben Tage lagern, während sie im Kühlschrank drei bis sechs Monate haltbar sind.

Birnen fehlt es leider oft an Aroma. Das liegt daran, dass sie nach früher Ernte bis zu neun Monate bei nur 1 Grad in den Kühlräumen des Fruchthandels lagern. Gesundstoffe werden dabei jedoch recht gut erhalten: So verlieren Birnen pro Monat im Kühlen nur rund 10 Prozent Vitamin C.

Auch Wurzelgemüse wie Sellerie, Karotten und Kartoffeln verliert bei kühler Lagerung nur wenig an Vitaminen: So büßen Karotten im Kühlschrank pro Tag nur 2 Prozent Beta-Karotin ein. Weißkohl verliert rund 18 Prozent Vitamin C pro Monat. Kartoffeln sollten nicht unter 5 Grad gelagert werden, da sie sonst süß werden.

Nach dem Kauf von Bundmöhren, Radieschen und Kohlrabi sollte vorsorglich das Laub entfernt werden. Dieses entzieht den Wurzeln Wasser und Nährstoffe. Aber nicht in den Müll werfen! Das Grün eignet sich wunderbar für Suppen und Salate.

Speisepilze wie Champignons und Kräutersaitlinge sind im Kühlschrank bis zu drei Tage haltbar.

Extra-Tipp: Im Kühlschrank sind die Temperaturen je nach Fach unterschiedlich. So ist das Gemüsefach mit 8 bis 10 Grad der wärmste Ort, während in den darüber liegenden Etagen 2 Grad (unten) bis 8 Grad (oben) herrschen. In der Tür ist es um die 9 Grad kühl.

Nüsse ins Gefrierfach

Nüsse sollten in der harten Schale lagern, geknackte Nüsse kühl und dunkel, am besten in der Gefriertruhe. Ranzige Nüsse schmecken nicht nur nicht, sie sind auch ungesund, weil sich ihre Fette zersetzt haben. Auf falsch gelagerten Nüssen können Schimmelpilze wachsen, die krebserregende und lebertoxische Stoffe bilden.

REGIONAL UND SAISONAL – UND OBENDREIN BIO?

Klar: Obst und Gemüse, das aus der Region stammt und gerade erst geerntet wurde, ist gesünder und schmeckt besser als weit gereiste Produkte. Auch Gemüse aus dem Gewächshaus liefert meist weniger Nährstoffe.

Und Bio-Produkte? Hier gehen die Meinungen auseinander. Einige Studien ergaben, dass darin mehr Vitamine und sekundäre Pflanzenstoffe stecken. So enthalten Pfirsiche und Birnen aus Bio-Anbau zuweilen mehr Vitamin C und E – und Beeren und Mais mehr Antioxidanzien. Andere Studien bestätigten das jedoch nicht.

Die Krux: Der Gehalt an diesen Stoffen hängt stark von Sorte, Bodenbeschaffenheit und Klima ab. **Unterm Strich ist es sinnvoller, verschiedene Obst- und Gemüsesorten zu essen, als immer nur Bio-Äpfel.**

Wann hat Obst hierzulande Saison?

	Jan	Feb	Mär	Apr	Mai	Jun	Jul	Aug	Sep	Okt	Nov	Dez
Apfel								■	■	■		
Brombeeren								■	■	■		
Erdbeeren						■	■	■	■			
Blau- und Himbeeren							■	■				
Kirschen							■	■				
Johannisbeeren						■	■	■				
Pfirsich							■	■				
Pflaumen								■	■			

Quelle: Verbraucherzentrale

Gut für die Umwelt

Für die Umwelt ist „bio" jedoch allemal besser, da der ökologische Anbau weniger Dünger und Pestizide verbraucht. Die Natur profitiert bereits, wenn man sich einfach nur an den Lauf der Jahreszeiten hält. Stammen Erdbeeren, Tomaten oder Gurken aus dem beheizten Gewächshaus, hinterlassen sie einen deutlich größeren CO_2-Fußabdruck als Feldfrüchte. So setzt der Anbau eines Kilogramms Tomaten im beheizten Gewächshaus zehnmal so viel klimaschädliche Treibhausgase frei wie der Anbau unter freiem Himmel. Unmengen Energie verbrauchen auch Transport und Lagerung. Vor allem „Flugware" sollte man meiden. Meist ist das nicht-saisonales Obst und Gemüse, das von weither kommt – wie Spargel aus Peru, Weintrauben aus Ägypten und Papayas aus Thailand.

Wann hat Gemüse Saison?

	Jan	Feb	Mär	Apr	Mai	Jun	Jul	Aug	Sep	Okt	Nov	Dez
Blumenkohl					■	■	■	■	■	■	■	
Brokkoli					■	■	■	■	■	■	■	
Erbsen					■	■	■	■	■			
Grünkohl	■	■							■	■	■	■
Gurken (aus un- oder schwach geheizten Gewächshäusern)				■	■	■	■	■	■	■		
Kohlrabi					■	■	■	■	■	■		
Lauch	■	■	■	■	■	■	■	■	■	■	■	■
Paprika				■	■	■	■	■	■	■		
Radieschen					■	■	■	■	■	■	■	
Rote Bete						■	■	■	■	■	■	
Tomaten unter Folie/Vlies						■	■	■	■			
Feldsalat/Rucola					■	■	■	■	■	■	■	

Quelle: Verbraucherzentrale

ENDLICH KOHL!

KOHL HAT LEIDER EIN ETWAS VERSTAUBTES IMAGE. Dabei kann man auch in der modernen Küche wunderbare Gerichte mit dem Wintergemüse zaubern.

Rosenkohl
Auch als exotisches Currygericht, als Püree oder in einer cremigen Suppe macht Rosenkohl eine gute Figur.

Rotkohl-Orangen-Salat
Statt Koriander eignen sich auch Petersilienblättchen oder feine Ringe von einer Frühlingszwiebel.

ROTKOHL-ORANGEN-SALAT

Für 2 Portionen:
300 g Rotkohl
Salz, Pfeffer
2 Orangen
2 EL geröstetes Sesamöl
1 TL Honig
3 Stiele Koriander

Pro Portion: 196 kcal, 10 g F, 18 g KH, 6 g B, 3 g E

1 Den Rotkohl putzen und in dünne Streifen schneiden oder hobeln. Mit dem Salz in eine Schüssel geben und mit den Händen oder einem Kartoffelstampfer gründlich stampfen.
2 Die Orangen filetieren, die Schalen gut ausdrücken und den Saft dabei auffangen. Orangensaft mit Sesamöl, Honig, Salz und Pfeffer zu einer Salatsauce verquirlen. Den Rotkohl und die Orangenfilets unterheben und 10 Minuten durchziehen lassen.
3 Den Koriander waschen, trockenschütteln und die zarten Blättchen vom Stiel zupfen. Die Korianderblättchen grob schneiden. Den Rotkohlsalat auf Tellern anrichten und mit Koriandergrün bestreuen.

Tipp: Und im Sommer gelingt dieser erfrischende Salat mit dünn gehobelten Fenchelknollen.

ROSENKOHLPFANNE MIT KÜRBISKERNÖL

Für 2 Portionen:
400 g Rosenkohl
½ Bund Rucola
1 EL Butter, Margarine oder Rapsöl
Salz, Pfeffer
250 g Eierspätzle (Kühlregal)
40 g kleine Salamischeibchen
1–2 EL Zitronensaft
1 EL Kürbiskernöl

Pro Portion: 388 kcal, 13 g F, 41 g KH, 8 g B, 21 g E

1 Den Rosenkohl putzen, waschen, große Köpfe eventuell halbieren, kleine ganz lassen. Rucola waschen, trockenschütteln und grob hacken.
2 Die Butter in einer beschichteten Pfanne erhitzen und den Rosenkohl darin bei mittlerer Hitze 5 bis 7 Minuten braten, bis das Gemüse knackig gar ist, mit Salz und Pfeffer würzen.
3 Eierspätzle und Salami zum Rosenkohl geben, alles gut durchschwenken und erhitzen, mit Salz, Pfeffer und Zitronensaft abschmecken. Zum Servieren mit Kürbiskernöl beträufeln und mit gehackter Rucola bestreuen.

Tipp: Auch Reste vom Sonntagsbraten lassen sich in diesem Rezept gut verwerten, Vegetarier peppen die Rosenkohl-Pfanne mit grob gehackten Nüssen oder Kürbiskernen auf.

JETZT WIRD'S BUNT!

DER WINTER HÄLT NICHT NUR KOHL PARAT – auch Sellerie, Steckrüben, Pastinaken, Topinambur und Rote Bete haben jetzt Hochsaison.

Rote Bete

Die Knolle ist zwar nicht jedermanns Sache, gilt aber als sehr gesund. Vor allem liefert sie den Farbstoff Betanin, der möglicherweise gegen Entzündungen vorgeht. Aber auch Folat und Eisen stecken in der Knolle.

Topinambur

Topinambur ist wegen seines Gehalts an Inulin, einem Futterstoff für Darmmikroben, sehr gesund. Geschmacklich sind die Knollen leicht süßlich und erinnern an Artischockenböden.

TOPINAMBUR-STAMPF MIT CHILI-NUSS-TOPPING

Für 2 Portionen:
300 g Topinambur
200 g Kartoffeln
Salz, Pfeffer, gemahlene Muskatnuss
2 EL Haselnüsse
½ TL Majoran
¼ TL Chiliflocken
2 TL Olivenöl

Pro Portion: 267 kcal, 13 g F, 19 g KH, 20 g B, 7 g E

1 Topinambur und Kartoffeln schälen und würfeln. Beides zusammen in Salzwasser 25 Minuten garen, abgießen und abdampfen lassen. Kartoffeln und Topinambur mit einem Kartoffelstampfer zerdrücken und mit Salz, Pfeffer und Muskatnuss abschmecken.
2 Für das Chili-Nuss-Topping die Haselnüsse grob hacken und in einer beschichteten Pfanne ohne Fett anrösten. Majoran und Chiliflocken zugeben und mit einer Prise Salz würzen.
3 Den Topinambur-Stampf mit Öl beträufeln und mit dem Topping bestreut servieren.

Tipp: Das Püree schmeckt als Beilage zu Bratlingen, Spiegeleiern oder Lammfleisch. Für ein milderes Topping gehackte Nüsse mit kleinen Apfelwürfeln und Majoran mischen.

Varianten: Außerhalb der Topinambur-Saison, die von Oktober bis März dauert, gelingt das Rezept auch mit Kohlrabi oder Sellerie.

GEBACKENE ROTE BETE MIT ZIEGENKÄSE-HONIG-DIP

Für 2 Portionen:
1 Zweig Rosmarin
750 g kleine Rote Bete
4 kleine Zwiebeln
2 EL Olivenöl
Salz, Pfeffer
1 Bio-Limette
100 g Ziegenfrischkäse
2 EL Naturjoghurt
Cayennepfeffer
4 TL Honig

Pro Portion: 386 kcal, 18 g F, 40 g KH, 8 g B, 10 g E

1 Den Backofen auf 200 °C vorheizen. Rosmarin waschen und trocken schütteln. Die Nadeln abstreifen und fein hacken. Rote Bete und Zwiebeln schälen und vierteln. Getrennt in je einem Esslöffel Öl wenden und mit Salz, Pfeffer und gehackten Rosmarinnadeln würzen. In eine ausreichend große Auflaufform geben und im Backofen 45 bis 60 Minuten garen.
2 Die Limette waschen, trocken reiben und zwei Teelöffel Schale abreiben. Limette halbieren und auspressen. Ziegenfrischkäse mit Joghurt, Salz, Cayennepfeffer, zwei Esslöffeln Limettensaft und der Hälfte des Honigs verrühren.
3 Die Rote Bete einige Minuten abkühlen lassen, mit dem restlichen Honig beträufeln und mit dem Ziegenkäsedip servieren.

WASCHEN ODER NICHT?

OBST, GEMÜSE UND SALAT sollte man vor dem Verzehr waschen. Fleisch und Fisch zum Garen muss nicht zwingend abgespült werden.

Gemüse

Waschen mit lauwarmem Wasser schwemmt eventuell vohandene Staub- und Erdreste sowie Blattläuse und Wurmeier ab. Auch Krankheitskeime und Pestizide lassen sich so reduzieren.

Zitrusfrüchte

Sind für Cocktails Zitrusfrüchte samt Schale gefragt, sollten diese unbehandelt sein. Die Schale lässt sich mit einem Mikrofasertuch abreiben. Noch besser sind jedoch Bio-Früchte.

Salat

Die Blätter in stehendem Wasser kurz schwenken, dann abtropfen lassen. Laufendes Wasser spült Vitamin C aus.

Beeren

Kurz in stehendem Wasser waschen und abtropfen lassen – gleiches gilt für Kirschen. Die grünen Blätter der Erdbeeren dranlassen, damit sie sich nicht mit Wasser vollsaugen.

BERICHTE ÜBER DARMKEIME und Pestizidbelastung haben manchem die Lust an Karotten- und Gurkensticks gründlich verleidet. Zumindest die Höchstwerte für Pestizide sind jedoch so streng, dass sich niemand vergiften kann, selbst wenn er Obst und Gemüse ungeschält und ungewaschen isst. Tatsächlich wird beides im Handel ausführlich gereinigt. Viele Schulprogramme wären sonst gar nicht durchführbar. Auch gefährliche Mikroben kommen eher selten vor. Sollen sie zu Hause als Rohkost auf den Tisch kommen, raten Experten dennoch dazu, Karotten, Radieschen und Beeren vor dem Verzehr gründlich abzubrausen.

- **Fresh-Cut-Salate:** In Fertigsalaten stecken wenige Vitamine, dafür umso mehr krankmachende Mikroben. Personen mit geschwächter Immunabwehr sollten auf solche Salate verzichten, Gesunde sollten sie gründlich waschen und lieber nicht so häufig essen.

- **Gemüsebürsten & Essigbad:** Ob Bürsten Keime reduziert, ist ungewiss. Auch Essig im Waschwasser ist nicht nötig.

MUSS ICH DAS SCHÄLEN?

IN DER SCHALE STECKEN OFT MEHR GESUNDSTOFFE als im Fruchtfleisch. Darum bei Äpfeln, Gurken oder Tomaten lieber dranlassen.

Pilze

Nach Tschernobyl begannen viele Menschen, Pilze zu schälen. Das ist bei Zuchtpilzen unnötig, sie sind nicht belastet. Bei Wildpilzen würde Schälen nichts helfen.

Äpfel, Birnen, Gurken

Bei Gurken, Äpfeln und Birnen sitzen die meisten Vitamine und andere Gesundstoffe unter der Schale. Sie wachsen zudem hängend, kommen also nicht mit der Erde in Berührung, eine Keimbelastung ist darum extrem selten.

KEIME UND PESTIZIDE – manche Menschen fürchten sie so sehr, dass sie sicherheitshalber jeden Apfel und jede Gurke großzügig schälen. Doch das ist weder nötig noch ratsam. Erstens kommen Pestizide und Keime auf Obst und Gemüse nur in geringen Mengen vor. Zweitens reduziert gründliches Reinigen die Belastung. Allerdings können Keime auch ins Innere etwa von Karotten gelangen. Klinisch rein bekommt man Lebensmittel sowieso nicht. Zudem stecken in den äußeren Schichten von Feldfrüchten besonders viele wertvolle Nährstoffe.

Ein Sonderfall sind Kartoffeln. Sie bilden zum Schutz vor Fraßfeinden die giftige Substanz Solanin. Wie viel, hängt von Sorte und Lagerung ab. In der Regel enthalten handelsübliche Sorten eher wenig Solanin. Haben Kartoffeln jedoch grüne Stellen oder keimen aus, sollte man die Schale mitsamt den grünen Stellen und den Sprossen wegschneiden. Kleine Kinder sollten nach Möglichkeit besser geschälte Kartoffeln essen.

VITAMIN-PILLE?

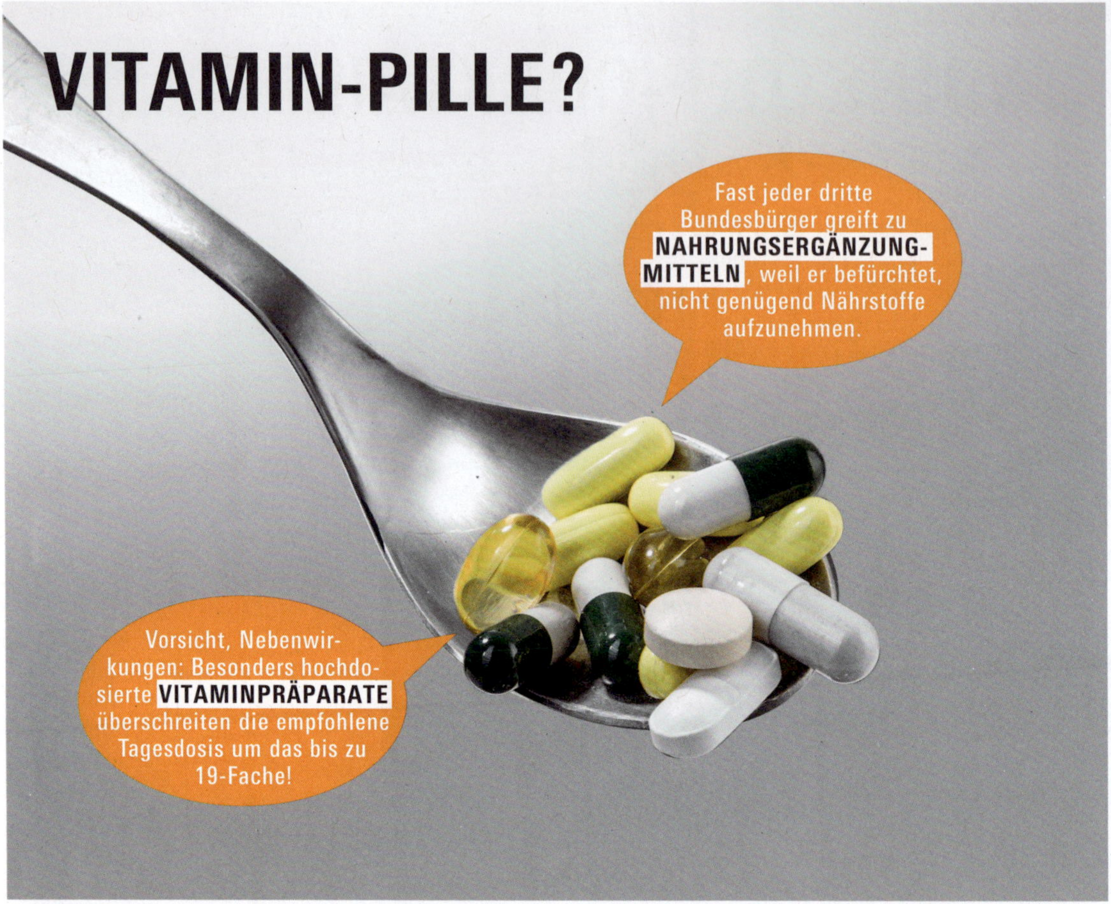

VOR 20 JAHREN glaubte man, die Vitamine C und E sowie Beta-Karotin würden vor Herzkrankheiten und Krebs schützen. Doch die Ernüchterung folgte: Täglich geschluckt, waren Vitaminpillen nicht nur wirkungslos, sondern teilweise sogar schädlich: Beta-Karotin erhöht bei Rauchern das Krebsrisiko, Vitamin E steigert die Gefahr eines Herzversagens. Kalziumtabletten können bei Frauen zu Herzinfarkten führen, Selengaben das Diabetes-Risiko steigern. Und auch Resveratrol-Tabletten hatten in hohen Dosierungen Nebenwirkungen.

NÄHRSTOFF-COCKTAIL!

WIRKLICH GESUND SIND DAGEGEN Obst, Gemüse, Hülsenfrüchte, Nüsse und Vollkornprodukte. Das liegt wahrscheinlich daran, dass sie mehr als nur ein paar Vitamine zu bieten haben. Vermutlich beeinflussen sich ihre Inhaltsstoffe gegenseitig in einer für den Körper günstigen Weise. Solche Synergien könnten dafür sorgen, dass ein Nährstoff besser vom Darm ins Blut gelangt, wenn Mitspieler zugegen sind. Vitamin- oder Mineralstoffmangel ist bei uns selten, kann aber in der Schwangerschaft, der Stillzeit oder bei Veganern vorkommen.

KALORIENBOMBE?

NÜSSE SIND TRADITIONELL in Nikolaussäckchen und Weihnachtsplätzchen zu finden – den Rest des Jahres fristen sie jedoch ein Schattendasein. Da sie allerhand Fett und damit Kalorien liefern, gelten sie als Dick- und folglich auch als Krankmacher. Doch aktuellen Studien zufolge enthalten Nüsse rund 20 bis 30 Prozent weniger Kalorien als bislang in Lehrbüchern angegeben. Vermutlich, so die Experten, ist das Fett so in den Nusszellen eingeschlossen, dass es in Magen und Darm gar nicht vom Körper aufgenommen, sondern ausgeschieden wird.

FITMACHER!

NUSSFANS BRINGEN KEINESWEGS mehr Kilos auf die Waage als Nussverächter. Im Gegenteil: Einige Studien zeigten sogar, dass Nüsse anstelle kohlenhydratreicher Lebensmittel wie Kartoffeln und Brot im Rahmen einer Diät mehr Kilos purzeln lassen. Zudem schützt Nussverzehr vor zahlreichen Zivilisationskrankheiten. Grund: Nüsse liefern viel Eiweiß, Ballaststoffe, ungesättigte Fettsäuren, Magnesium, B-Vitamine, Vitamin E sowie sekundäre Pflanzenstoffe. Tipp: Schale entfernen, aber die braune Haut dranlassen und dann ungesalzen knabbern.

HILFE, ES SCHIMMELT!

IST DAS NOCH GENIEßBAR ODER MUSS DAS WEG? Fängt ein Lebensmittel an zu schimmeln, gehört es im Normalfall als Ganzes in den Müll.

Brot

Auch bei wenig Schimmel am Anschnitt: Weg damit! Im Brot verteilen sich Pilzfäden leicht. Auch Toasten hilft nicht!

Obst / Gemüse

Angeschimmeltes Obst und Gemüse, Säfte und Marmeladen besser entsorgen. Sind einzelne Früchte einer Verpackung betroffen, ist der Rest essbar.

Fertige Speisen

Schimmeln Milchprodukte oder fertige Speisen, gehören sie in den Müll. Zur Vorbeugung am besten den Kühlschrank regelmäßig reinigen.

Nüsse

Sind einzelne Nüsse einer Verpackung verschimmelt, sollte auch der Rest entsorgt werden.

NUR ZWEI DRITTEL der weltweiten Lebensmittelproduktion landen auf einem Teller und werden gegessen, schätzt die Welternährungsorganisation (FAO). Das letzte Drittel geht verloren – beim Produzenten, beim Händler oder beim Verbraucher. Gemeint ist: Viele Menschen werfen Lebensmittel voreilig und völlig unnötig in den Müll. Doch es gibt auch jene, die einmal Gekauftes im Zweifel lieber aufessen und so ihre Gesundheit riskieren. Fakt ist: Vor allem der Verzehr verschimmelter Speisen kann auf Dauer die Nieren schädigen und sogar zu Leberkrebs führen. Verantwortlich sind Mykotoxine – Gifte, die Schimmelpilze in geeigneter Umgebung bilden. Je nach Struktur, Wassergehalt und pH-Wert kann ein Lebensmittel zudem von Pilzfäden durchzogen sein, die jedoch mit bloßem Auge nicht zu erkennen sind.

- Eigener Herd: Immer frisch und geplant einkaufen, richtig lagern, verschimmelte Speisen schnell entsorgen.
- Industrie: Die Industrie hat Methoden entwickelt, Schimmelbildung zu verhindern.

IST GIFT IN MEINEM ESSEN? UND IST BIO SICHERER?

Antibiotika in Geflügelfleisch, Mineralöl in Adventskalenderschokolade, Glyphosat in Bier – fast täglich berichten Medien über Gifte in Lebensmitteln. Kein Wunder, dass viele Menschen den Produzenten misstrauen: Laut „Eurobarometer" machten sich 2014 fast 80 Prozent der EU-Bürger Sorgen um die Lebensmittelsicherheit.

Die Angst vor vergifteter Nahrung ist verständlich – und zieht sich wie ein roter Faden durch die Menschheitsgeschichte: Starben unsere Vorfahren in der Steinzeit jedoch noch, weil sie verdorbenes Aas oder giftige Pflanzen aßen, versteckte sich der Tod im Mittelalter in Brot und Wein: So war Mehl häufig mit dem Mutterkornpilz verunreinigt. Dieser befällt das Getreide und produziert giftige Alkaloide. Nach zünftigen Gelagen wachte so mancher Ritter nicht mehr auf – denn der Wein wurde damals mit Schwefel konserviert.

Lebensmittel immer sicherer

Heute ist das anders: Die Lebensmittelsicherheit hat in den letzten Jahrzehnten kontinuierlich zugenommen. Hersteller von Nahrungsmitteln müssen qualitätssichernde Maßnahmen nachweisen. Kontrolleure prüfen immer mehr Lebensmittel mit immer feineren Geräten – finden dabei jedoch immer weniger belastete Proben. Manche Schadstoffe wie Polychlorierte Biphenyle und das Insektizid DDT sind mittlerweile verboten und tauchten in den vergangenen Jahren immer seltener auf.

Obwohl längst nicht alles Gold ist, was glänzt: Unsere Lebensmittel gehören zu den sichersten der Welt. Angst oder gar Panik sind vor allem dann nicht angebracht, wenn man abwechslungsreich isst, saisonales und regionales Obst und Gemüse bevorzugt. Auch Produkte aus dem EU-Ausland sind meist weniger mit Pestiziden oder Antibiotika belastet als aus Drittländern.

Antibiotika in Fleisch und Fisch

Der Schadstoffgehalt tierischer Lebensmittel liegt laut Bundesinstitut für Risikobewertung (BfR) auf niedrigem Niveau. Im Rahmen des Nationalen Rückstandskontrollplans aus dem Jahr 2014 fanden sich in lediglich 0,85 Prozent der Proben Rückstände oder Umweltkontaminanten in nicht erlaubter Höhe. So enthielt nur 0,1 Prozent des aus der EU stammenden Schweine-, Rinder- oder Geflügelfleisches unzulässige Mengen an Antibiotika. Dennoch lässt der Einsatz von Antibiotika in den Mästereien resistente Keime entstehen, die sich auf Hähnchenkeulen & Co. tummeln. Damit sie nicht in den Organismus gelangen, ist penible Küchenhygiene ein Muss (siehe S. 166).

Pestizide in Obst und Gemüse

In Obst und Gemüse messen Lebensmittelkontrolleure immer seltener unerlaubte Mengen an Pflanzenschutzmitteln – 2006 war dies noch in 6,2 Prozent, 2015 nur noch in 2,1 Prozent der Proben der Fall.

Auch wer einmal oder gelegentlich belastete Ware verzehrt, muss noch keine Gesundheitsschäden fürchten. Anlass zur Sorge geben dagegen Mehrfachrückstände: Sind in einem Lebensmittel gleich mehrere Pestizide zu finden, können diese einander in ihrer Wirkung verstärken.

Wer auf Nummer sicher gehen will, greift besser zu Bio-Ware. Diese ist nachweislich seltener mit Pestiziden verunreinigt. Das ergaben behördliche Tests, aber auch Analysen der Stiftung Warentest. Besonders kritisch wird derzeit der Einsatz von Glyphosat diskutiert, das mittlerweile in zahlreichen Lebensmitteln vorkommt. Die Internationale Agentur für Krebsforschung (IARC) hat das Herbizid als „wahrscheinlich krebserregend“ eingestuft. Deutsche Behörden sehen jedoch derzeit keine Gefahr.

Vorsicht, Schwermetalle

Die Belastung mit Kupfer, Blei, Arsen, Kadmium und Quecksilber ist zwar gesunken. Laut BfR bewegt sich aber etwa die Aufnahme an Kadmium nach wie vor auf hohem Niveau. Da Kadmium als Begleitstoff in Dünger vorkommt und einige Pflanzen es verstärkt speichern, findet sich der Schadstoff sowohl in Gemüse und Hülsenfrüchten als auch in Getreide und sogar Schokolade.

Vegetarier und Veganer sind demzufolge stärker gefährdet und können je nach Speiseplan die langfristig tolerierbaren Mengen schneller überschreiten.

Innereien von Wildtieren sind häufig mit Quecksilber und Polychlorierten Biphenylen (PCB) belastet. Deshalb sollte man Kaninchenleber maximal alle zwei bis drei Wochen essen, Schafleber besser gar nicht.

Aktuelle Analysen der Stiftung Warentest ergaben keine bedenklichen Quecksilbergehalte in Thunfisch. Ein neues Problem ist dagegen Arsen in Reisprodukten.

Nanopartikel umstritten

Auch Nanopartikel – winzige Molekülverbände, die weniger als 100 Nanometer messen – kommen in Lebensmitteln vor. So wird Ketchup mit Nanopartikeln fließfähig gemacht, auch in Nahrungsergänzungsmitteln sind sie enthalten. Ob das ungesund ist, ist bislang noch wenig erforscht. Es gibt jedoch Hinweise, dass Titandioxid-Partikel (E 171) Darmentzündungen verstärken.

MINERALÖL, ALUMINIUM, PESTIZIDE? NEIN, DANKE!

Mineralölrückstände

Mineralölrückstände in Lebensmitteln – das klingt nicht lecker. Viel schlimmer: Sie stehen im Verdacht, Krebs auszulösen und das Erbgut zu schädigen. Andere reichern sich möglicherweise in Organen an. Das Bundesinstitut für Risikobewertung (BfR) hat daher Lebensmittelproduzenten aufgefordert, den Gehalt solcher Substanzen zu reduzieren. Folge: Die gefundenen Mengen an Mineralölbestandteilen sind heute in vielen Produkten geringer als noch vor einigen Jahren.

Enthielten früher Nudeln und Haferflocken aus der Verpackung stammende Rückstände, wurden diese inzwischen minimiert. Nach wie vor tauchen jedoch in Olivenöl und Schokolade viele Mineralölrückstände auf. Ursache sind heute eher der Transport in Jutesäcken oder Wellkartons.

Aluminium

Aluminium steht im Verdacht, Nerven und Nieren zu schädigen. **Bei Kontakt mit sauren und salzigen Lebensmitteln können sich aus Alu-Folie giftige Moleküle lösen.** Ein Stück Obstkuchen oder mariniertes Fleisch sollte man darum besser nicht in Alu-Folie aufbewahren. Zudem gilt: Campinggeschirr aus Aluminium nicht regelmäßig benutzen. Alu-Flaschen ohne Innenlackierung nur mit Leitungswasser befüllen. Grillgut in Alu-Schalen erst auf dem Teller mit Salz und Zitrone würzen.

Anti-Haft-Beschichtungen

Viele Pfannen sind mit Fluor-Verbindungen beschichtet. **Anti-Haft-Beschichtungen sind ungefährlich, solange sie nicht über 360 Grad erhitzt werden.** Solche Temperaturen werden beispielsweise beim Rösten von Nüssen erreicht. Alte Pfannen sollten lieber ersetzt werden – dasselbe gilt für Pfannen mit beschädigter Beschichtung.

Verpackungen und Mikroplastik

Plastikflaschen aus PET sind ungefährlich. Der Kunststoff Bisphenol A wurde wegen seiner hormonähnlichen Wirkung 2011 EU-weit in Babyflaschen verboten. Heute findet sich der Stoff noch in der Innenbeschichtung von Konservendosen. Weichmacher (Phtalate) werden nur noch selten in Lebensmittelverpackungen eingesetzt.

HITLISTE

PESTIZID-GRENZWERTE OFT ÜBERSCHRITTEN! Diese Lebensmittel sollte man deshalb möglichst in Bio-Qualität kaufen.

Limetten

Zu hoher Pestizidgehalt in 8,8 Prozent der Fälle. Brasilianische Limetten besser meiden.

Bohnen mit Hülsen

Auch Bohnen lagen mit 7,6 Prozent im Spitzenbereich. Tipp: getrocknete Bohnen verwenden.

Frische Kräuter

6 Prozent lagen über den gesetzlichen Grenzwerten. Tipp: Im Topf einfach selbst ziehen

Stangensellerie

5,9 Prozent hatten die Höchstmenge überschritten. Besser: Mit Knollensellerie abwechseln.

Tee

4,8 Prozent der Proben lagen über den Höchstmengen. Besser ist Tee aus Türkei oder Sri Lanka.

Rucola

3,9 Prozent der Ware war zu stark pestizidbelastet. Darum mit anderen Salaten mischen.

Auberginen

3,4 Prozent hatten Höchstmengen überschritten. Auf deutsche Ware eher verzichten.

Paprika

3 Prozent der getesteten Proben lagen über den Grenzwerten. Tipp: Ware aus Kenia meiden.

Mangos

2,7 Prozent der Ware war zu hoch belastet. Mangos aus Thailand besser liegenlassen.

Quelle: Bundesamt für Verbraucherschutz und Lebensmittelsicherheit

FIT MIT PFLANZENÖLEN

Rund 30 Jahre lang galt das Low-Fat-Mantra. Es führte unter anderem zur massenhaften Einsparung von Pflanzenöl. In den vergangenen Jahren wurde jedoch immer deutlicher, dass einige Pflanzenöle trotz ihrer Kaloriendichte sehr gesund sind. Sie liefern mehrfach ungesättigte Fettsäuren, Vitamin E sowie sekundäre Pflanzenstoffe.

Unser Körper braucht die Fettsäuren zum Beispiel, um seine Zellen flexibel zu halten. Im Nervensystem spielen sie eine Rolle bei der Weiterleitung von Reizen. Zugleich bildet der Körper aus Fetten Gewebshormone, sogenannte Eicosanoide.

Das Verhältnis macht's

Mehrfach ungesättigte Fette sind Alpha-Linolensäure (Omega-3-Fettsäure) und Linolsäure (Omega-6-Fettsäure). Letztere ist u. a. in Distel- und Keimöl enthalten und dient der Wundheilung und der Immunabwehr. Im Übermaß kann sie jedoch Entzündungen anfachen. Das Verhältnis von Omega-6- zu Omega-3-Fett sollte 5:1 nicht überschreiten. Deshalb sollte ab und zu Öl mit viel Linolensäure wie Lein- oder Walnussöl auf dem Speiseplan stehen. Uneingeschränkt empfehlenswert sind einfach ungesättigte Fettsäuren wie in Oliven- und Rapsöl.

Kaltgepresst oder raffiniert

Der Einsatz von Ölen in der Küche hängt zum einen davon ab, welche Fettsäuren und Begleitstoffe sie hauptsächlich enthalten. Wichtig ist aber auch, wie sie produziert wurden – ob kaltgepresst oder raffiniert.

„Nativ" bedeutet, dass die Rohware nicht vorab geröstet wurde. Dadurch bleiben Aromen und Vitamine besser erhalten. Native Öle sind demnach eine Untergruppe der kaltgepressten Öle. Einige davon, wie Distel- und Leinöl, eignen sich nicht zum Hocherhitzen von Speisen, weil sich ihre Aromastoffe verflüchtigen und schnell gesundheitsschädliche Stoffe bilden.

„Nativ extra" (extra vergine) ist eine noch höhere Kategorie und nur bei Olivenöl zu finden. Das Öl muss dann auch in Geruch und Geschmack einwandfrei sein. Zudem liefert es einen hohen Gehalt an gesunden phenolischen Verbindungen.

Im Gegensatz dazu werden raffinierte Öle durch Heißpressung und mithilfe von Lösungsmitteln gewonnen. Sie sind weniger aromatisch, zudem gehen Vitamin E und sekundäre Pflanzenstoffe verloren. Das Verhältnis der Fettsäuren im Öl verändert sich dadurch aber nicht. Sie lassen sich in der Regel stark erhitzen, etwa zum Anbraten von Fleisch oder zum Frittieren.

Vorsicht, Rauchpunkt!

Der Rauchpunkt ist die Temperatur, bei der das Öl zu rauchen beginnt – ein Zeichen dafür, dass sich in absehbarer Zeit gesundheitsschädliche Stoffe wie Acrolein bilden. Einfluss auf den Rauchpunkt haben Herstellungsart und Fettsäuremuster.

Dunkel und kühl lagern

Kaltgepresste Öle sollten in dunklen Flaschen an einem kühlen Ort aufbewahrt werden, sonst werden sie ranzig. In angebrochenen Flaschen sind diese Öle im Schnitt acht Wochen haltbar. Braune oder grüne Glasflaschen eigenen sich am besten, aber auch Plastikflaschen sind unproblematisch. **Dagegen sollte Öl aus Blechkanistern nach dem Öffnen umgefüllt werden.** Oxidationsprozesse können das Blech angreifen und Metalle lösen, die dann im Öl schwimmen. Das ist gesundheitsschädlich.

Immer wieder sind in Speiseölen Schadstoffe wie Esterverbindungen oder Weichmacher zu finden. Bio-Öle schnitten in Tests ein wenig besser ab. Laut Behörden weist die überwiegende Mehrheit der Speiseöle jedoch keine gravierenden Mängel auf und kann unbesorgt verzehrt werden.

Welches Öl eignet sich wofür?

Öl	Rauchpunkt	Eignung
Distelöl		Salat und anderen kalte Speisen
Erdnussöl, nativ	180 °C	Braten bei niedrigen Temperaturen
Erdnussöl, raffiniert	200–235 °C	Braten und Frittieren
Kokosöl	185–205 °C	Erhitzen bei niedrigen Temperaturen
Leinöl/Leindotteröl		Salat und andere kalte Speisen
Maiskeimöl, raffiniert	200 °C	Braten und Frittieren
Olivenöl, nativ	130–180 °C	Braten bei niedrigen Temperaturen, Salate
Rapsöl, kaltgepresst	130–190 °C	Braten bei niedrigen Temperaturen
Rapsöl, raffiniert	218 °C	Braten und Frittieren
Sonnenblumenöl, raffiniert	210–225 °C	Braten und Frittieren
Traubenkernöl, raffiniert	180 °C	Braten
Walnussöl		Salat und andere kalte Speisen

Quelle: „Warenkunde Öl" (Stiftung Warentest), aid

WARENKUNDE ÖL

Öle aus fetthaltigen Pflanzen und Samen herzustellen, ist eine uralte Tradition. Olivenbäume wurden bereits um 4000 v. Chr. im östlichen Mittelmeer kultiviert. Aber auch Färbeöl kam bereits in der Antike zum Einsatz. Zuerst wurden Öle jedoch nicht als Speiseöle verwendet, sondern in Salben, Wundverbänden oder als Lampenöl. In unseren Breitengraden wurden in der Küche traditionell weniger Öle als vielmehr Unmengen an Butter und Schmalz verbraten. Das erklärt auch heute noch deren bevorzugte Verwendung. Eigentlich schade, schließlich liefern Öle neben gesunden Fettsäuren, Vitamin E, das Zellen vor dem Angriff durch Sauerstoff schützt. Auch sekundäre Pflanzenstoffe sowie vielfältige und köstliche Aromen sind enthalten.

Distelöl

Distelöl wird aus den Samen der Färberdistel (Carthamus tinctorius) gewonnen. Allerdings ist es nicht so empfehlenswert, wie lange angenommen, denn es liefert mit 75 Prozent viele Omega-6-Fettsäuren. Nur sogenannte High-Oleic-Sorten ähneln dem Olivenöl und sind deshalb aus gesundheitlicher Sicht günstiger.

Kaltgepresstes Distelöl wird von Köchen als aromatisches Öl für kalte Speisen geschätzt. Es hat einen mildnussigen und säuerlichen Geschmack.

Farbstoff: Die orange-gelben Blüten der Distel wurden früher zum Färben von Kleidern verwendet.

Leinöl

Der Star unter den Pflanzenölen! Leinöl besteht zu fast zwei Dritteln aus der Omega-3-Fettsäure Linolensäure. Kein anderes Öl liefert vergleichbare Mengen der wertvollen Substanz. Das Öl wird aus den Samen von Lein (Linum usitatissimum) hergestellt.

Aufgrund der mehrfach ungesättigten Fettsäuren ist Leinöl sehr sensibel und sollte nicht erhitzt werden. Am besten im Kühlschrank aufbewahren! Geschmack: leicht nussig, heuartig.

Mit Tradition: Lein oder Flachs ist eine der ältesten Kulturpflanzen der Welt. Sie wird seit mehr als 8000 Jahren angebaut – für die Ölgewinnung aber auch für die Produktion von Fasern.

Kürbiskernöl

Das Öl wird aus Kürbiskernen gewonnen. Es hat zwar ein ungünstiges Verhältnis an Fettsäuren und liefert viele Omega-6-Fettsäuren sowie gesättigtes Fett (20 Prozent). Das Öl hat es trotzdem in sich: Vitamin E, Phytosterine und Karotinoide machen es zu einem gesunden Lebensmittel.

Kürbiskernöl ist sehr empfindlich und sollte im Kühlschrank aufbewahrt werden. Es schmeckt nussig und grasig mit Röstaromen – besonders gut über Kürbissuppe geträufelt.

Aus Österreich: Steirisches Kürbiskernöl ist eine geschützte Bezeichnung. Leider zeigten Tests, dass die Kerne zuweilen aus China oder Russland stammen.

Olivenöl

Olivenöl ist aus der Mittelmeerküche nicht wegzudenken. Ganze 10 bis 15 Liter verbrauchen Griechen, Spanier oder Italiener pro Kopf und Jahr, bei uns ist es gerade mal 1 Liter.

Olivenöl liefert vor allem die einfach ungesättigte Ölsäure (70 Prozent) und ist daher auch als kaltgepresstes Öl in der heißen Küche verwendbar. Ein Teil der Aromen geht dann auf das Bratgut über. Phenolische Verbindungen lassen das Öl teilweise etwas scharf und bitter schmecken. Das Aroma kann je nach Olivensorte, Anbaugebiet, Erntezeit und Klima stark variieren.

Methusalems: Olivenbäume können bis zu 2 000 Jahre alt werden.

Rapsöl

Das beliebteste Speiseöl in deutschen Küchen enthält mehr als 50 Prozent einfach ungesättigte Fettsäuren und etwa ein Viertel an Linolensäure. Es soll damit gegen Herz-Kreislauf-Erkrankungen schützen. Die Deutsche Gesellschaft für Ernährung (DGE) empfiehlt Rapsöl neuerdings sogar für den täglichen Gebrauch.

Für die Herstellung von Rapsöl werden die Samen der Rapspflanze (Brassica napus) verwendet, die zu den Kohlpflanzen zählt. Es schmeckt saatig, nussig.

Weniger bitter: Früher waren Rapssamen sehr bitter, denn sie enthielten Erucasäure. Heutige Züchtungen sind vergleichsweise arm an Bitterstoffen.

Sesamöl

Das Öl hat kein besonders günstiges Verhältnis an Fettsäuren (45:1). Allerdings liefert es außerordentlich viel Vitamin E sowie sekundäre Pflanzenstoffe (Sesamol und Phytosterine). Es gilt darum als gesund und ist relativ lange haltbar. Denn: Die sekundären Pflanzenstoffe schützen die ungesättigten Fettsäuren vor dem Ranzigwerden. Es wird vor allem für asiatische Wok-Gerichte aber auch für orientalische Speisen verwendet. Natives Sesamöl hat einen ganz eigenen, nussigen Geschmack. Bei geröstetem Sesamöl ist dieses Aroma noch ausgeprägter.

Hautfreundlich: Bei ayurvedischen Ölmassagen wird Sesamöl verwendet.

Sonnenblumenöl

Ist wirtschaftlich besehen nach Palmöl, das zweitwichtigste Öl der Welt. Auch hier ist das Fettsäure-Verhältnis mau (100:1). Allerdings liefert es viel Vitamin E und Phytosterine. Nur sogenanntes „High-Oleic-Sonnenblumenöl" ähnelt Olivenöl und ist daher aus ernährungsphysiologischer Sicht günstiger als herkömmliches Sonnenblumenöl.

Eingewandert: Sonnenblumen wuchsen früher nur in Nordamerika und sollen dort seit mehr als 3000 Jahren genutzt werden. Wahrscheinlich wurde die Pflanze durch spanische Entdecker nach Europa ausgeführt.

Traubenkernöl

40 Kilogramm Traubenkerne müssen gepresst werden, um 1 Liter Öl herzustellen. Dafür werden die Trauben nicht extra angebaut, sondern stammen aus dem Weinbau. Oft werden dem Öl gesundheitliche Vorteile angedichtet, weil es den Gesundstoff Resveratrol liefern soll. Allerdings verbleibt die größte Menge dieser Stoffe im Presskuchen und nicht im Öl. Das Fettsäuremuster ähnelt dem von Sonnenblumenöl. Natives Traubenkernöl schmeckt fruchtig, weinartig. Es ist sehr empfindlich und sollte im Kühlschrank aufbewahrt werden.

Kosmetik: Das Öl wird auch in der Kosmetikindustrie verwendet.

Walnussöl

Hat einen hohen Anteil an Omega-3-Fettsäuren und liefert auch etwas einfach ungesättigte Ölsäure. Das Verhältnis von Omega-6-Fetten zu Omega-3-Fetten liegt bei 4:1. Das Öl wird daher von der Deutschen Gesellschaft für Ernährung empfohlen, weil es wahrscheinlich den Cholesterinspiegel senkt. Das Öl ist allerdings vergleichsweise Vitamin E-arm. Es sollte im Kühlschrank aufbewahrt werden. Etwas für Gourmets! Es hat ein stark nussiges aber auch fruchtig-würziges Aroma.

Holzpflege: Walnussöl wird teilweise als Pflegemittel für Holzmöbel oder -spielzeug verwendet.

Kokosöl

Das aus Kokosnüssen gewonnene Öl liefert bis zu 90 Prozent gesättigte Fettsäuren. Trotzdem soll natives Kokosöl laut diversen Gesundheitsaposteln schlank machen, das Cholesterin senken, gegen Bakterien und Viren vorgehen sowie den Krankheitsverlauf von Alzheimer abmildern. Tatsächlich enthält Kokosöl reichlich mittelkettige Fettsäuren (MCTs), die nicht als LDL-Cholesterin in die Arterien gelangen. Die anderen beschriebenen Wirkungen von Kokosöl sind hingegen nicht bewiesen. Als Wundermittel taugt es nicht!

Küche: MCT-Fette können nicht hoch erhitzt werden. Der Rauchpunkt von Kokosöl ist darum niedrig.

Palmöl

In Nuss-Nugat-Cremes, Margarine und anderen Fertigprodukten ist mittlerweile Palmöl enthalten. Wegen seines hohen Gehaltes an langkettigen, gesättigten Fettsäuren gilt es als weniger gesund. Vorteil: Palmöl dient als Ersatz für teilweise gehärtete Pflanzenfette, die erhebliche Mengen an Transfettsäuren mit sich führen. Transfettsäuren gelten eindeutig als schädlich für die Arterien.

Desaster: Die Produktion von Palmöl und die damit einhergehende Abholzung von Torfwäldern trägt erheblich zum Klimawandel bei. Bio-Palmöl ist besser, weil für die Plantagen keine Wälder gerodet werden.

MEDITERRANE KÜCHE

OB PAELLA, PASTA E FAGIOLI ODER GRIECHISCHER BAUERNSALAT – die „Kreta-Diät" schützt vor allerlei Volksleiden und wird sogar Herzpatienten empfohlen.

Gemüse und Obst

Die „Mediterrane Diät" wird im Detail unterschiedlich definiert – klar ist jedoch, dass viel Gemüse und Obst als auch Kräuter und Knoblauch dazugehören.

Viel Fisch, wenig Fleisch

In vielen mediterranen Regionen kommt häufig Seefisch auf den Tisch und wenig Fleisch. Das gilt als Schutz gegen Herzkrankheiten.

Wasser und Wein

Dass eine Karaffe Leitungswasser auf dem Tisch steht, ist am Mittelmeer so normal wie der Rotwein zu den Mahlzeiten. Gesund ist jedoch vor allem das gemeinsame Kochen und Essen, wie es in südlichen Ländern noch üblicher ist.

Olivenöl

Laut der renommierten Predimed-Studie senkt eine Extra-Portion Olivenöl das Risiko für schwere Herzkrankheiten um 30 Prozent. Auch das Brustkrebsrisiko fiel bei einer olivenölreichen Kostgeringer aus.

Nüsse und Hülsenfrüchte

Griechen knuspern Kürbiskerne, Italiener Pistazien und Spanier Salzmandeln. Auch die derzeit gefeierten Hülsenfrüchte wie Bohnen, Linsen und Erbsen gehören zur „Mediterranen Diät".

LUNCH TO GO

IN DER KANTINE LOCKT CURRYWURST MIT POMMES?
Vergeblich, wenn Sie einen dieser Salate mitnehmen.

Nizzasalat mit Thunfisch und Oliven

Schneller geht's, wenn man Bohnen und Ei weglässt und statt dessen Artischocken aus dem Glas verwendet.

Knackiger Matjessalat mit Joghurt-Dressing

Matjes sind junge, in Salzlake gereifte Heringe. Sie liefern viele wertvolle Omega-3-Fettsäuren.

DIE IDEE, Salat in Schraubgläser zu schichten und so für einen gesunden Büro-Imbiss zu sorgen, stammt aus den USA. Dort heißen die Gerichte „Mason Jar Salads", benannt nach der Glasmarke. In die meist hohen Gläser gibt man die Zutaten hinein nach dem Motto: Schweres zuerst, damit Empfindliches wie Salatblätter oder Kräuter nicht matschig werden. Auf den Glasboden kommt also zuerst das Dressing, darauf packt man Zutaten wie Kartoffeln, Nudeln, Bohnen oder Möhren. Danach werden Eier, Tomaten, Avocado oder Feta ins Glas gegeben. Obenauf kommen Salatblätter, Kräuter, Sprossen und eventuell Nüsse. Zum Essen einfach auf einen Teller stürzen!

- **Haltbarkeit:** Der Salat lässt sich abends zubereiten und über Nacht im Kühlschrank lagern. Dort sollte er auch im Büro den Vormittag verbringen und in jedem Fall noch am selben Tag gegessen werden. Frische Zutaten verwenden!
- **Gläser:** Prinzipiell eignet sich jedes Schraubglas. Es sollte aber gut gereinigt sein und möglichst dicht halten.

NIZZASALAT MIT THUNFISCH UND OLIVEN

Für 1 Portion:
1 Ei
200 g grüne Bohnen (evtl. TK)
Salz, Pfeffer
1 TL Kapern
1 EL Weißweinessig oder Balsamico
1 EL Olivenöl
4 EL Gemüsebrühe oder -fond
1 TL Senf
2 Tomaten
1 Salatherz
1 kleine rote Zwiebel
1 kleine Dose Thunfisch (ca. 55 g Abtropfgewicht, möglichst MSC-zertifiziert)
2 EL schwarze Oliven

Pro Portion: 407 kcal, 21 g F, 19 g KH, 10 g B, 27 g E

1 Das Ei hart kochen, abgießen und abkühlen lassen. Grüne Bohnen putzen und in mundgerechte Stücke schneiden. Etwa 12 Minuten in Salzwasser garen, abgießen und abtropfen lassen.

2 Kapern hacken und mit Essig, Öl, Brühe oder Fond und Senf verrühren. Mit Salz und Pfeffer würzen und das Dressing in ein großes Schraubglas füllen.

3 Tomaten waschen und halbieren, den Salat waschen und in mundgerechte Stücke zupfen. Zwiebel schälen und in halbe Ringe schneiden, den Thunfisch abtropfen lassen und etwas zerzupfen.

4 Nacheinander Bohnen, Tomaten, Ei, Thunfisch, Zwiebeln, Oliven und Salatblätter in das Glas füllen.

KNACKIGER MATJESSALAT MIT JOGHURT-DRESSING

Für 1 Portion:
½ Bund Dill
100 g Naturjoghurt
3 EL Sud von den Gewürzgurken
1 TL Zucker
Pfeffer
2 Matjesfilets
1 kleiner Apfel
1 EL Zitronensaft
2 Gewürzgurken
6–8 Radieschen
¼ kleiner Eisbergsalat

Pro Portion: 500 kcal, 24 g F, 37 g KH, 7 g B, 28 g E

1 Den Dill waschen, trocken schütteln und fein schneiden. Mit Joghurt, Gewürzgurkensud, Zucker und Pfeffer verrühren und in das Glas geben.

2 Matjes in Streifen schneiden, den Apfel waschen, trocken reiben und das Fruchtfleisch mit Schale in Spalten schneiden. Die Apfelspalten mit Zitronensaft beträufeln. Die Gewürzgurken abtropfen lassen, die Radieschen putzen, beides in dünne Scheiben schneiden. Den Eisbergsalat in Streifen schneiden.

3 Alle Zutaten nacheinander in das Glas schichten, dabei mit den Matjesstreifen beginnen, ganz oben liegt der Eisbergsalat.

Tipp: Der Salat kommt ganz ohne zusätzliches Salz aus, der Matjes bringt genug davon mit.

FRUCHTIGER COUSCOUSSALAT MIT HARISSA-DRESSING

Für 1 Portion:
50 g Couscous
Salz
1 Paprikaschote
1 Stück Rettich (100 g)
4 Frühlingszwiebeln
1 dicke Scheibe Wassermelone (ca. 250 g)
1 EL milder Essig
½ TL Harissa-Paste
¼ TL gemahlener Kreuzkümmel
2 EL Öl
4 EL Apfel- oder Orangensaft

Pro Portion: 516 kcal, 21 g F, 63 g KH, 10 g B, 10 g E

1 Couscous mit einer Messerspitze Salz in das Transportglas füllen und mit 125 ml kochendem Wasser übergießen. Beim Quellen und Abkühlen ab und zu mit einer Gabel auflockern.
2 Die Paprika putzen und in Streifen schneiden, Rettich schälen und raspeln, die Frühlingszwiebeln putzen und in Ringe schneiden. Das Fruchtfleisch der Melone von der Schale schneiden und mundgerecht würfeln.
3 Essig, Harissa, Kreuzkümmel und Öl mit dem Saft verrühren, mit etwas Salz abschmecken und über das Couscous gießen. Übrige Zutaten einschichten, ganz oben liegt die Wassermelone.

Tipp: Keine Harissa-Paste zur Hand? Das Dressing lässt sich auch mit Cayennepfeffer oder Chiliflocken schärfen.

GRAUPENSALAT MIT HIMBEEREN

Für 1 Portion:
1 Hähnchenbrustfilet
Salz, Pfeffer
¼ TL Paprika edelsüß
1 EL Öl
50 g Graupen
2 Möhren
1 Chicoree
1 EL Haselnüsse
75 g Himbeeren
40 g Gorgonzola (oder anderer Blauschimmelkäse)
2 EL Naturjoghurt
2 EL Zitronensaft

Pro Portion: 700 kcal, 24 g F, 55 g KH, 12 g B, 55 g E

1 Hähnchenbrust mit wenig Salz, Pfeffer und Paprika von beiden Seiten würzen und in einer beschichteten Pfanne im Öl von jeder Seite 2 Minuten scharf anbraten. Kochplatte ausstellen, Hähnchenbrust in der Resthitze garen, ab und zu umdrehen.
2 Die Graupen nach Packungsanweisung etwa 20 Minuten in Salzwasser garen, in ein Sieb geben und abkühlen lassen. Möhren schälen und fein raspeln, Chicoree putzen und in Ringe schneiden. Die Haselnüsse grob hacken, die Himbeeren verlesen.
3 Gorgonzola, Joghurt, Zitronensaft, wenig Salz und Pfeffer mit dem Schneidstab fein pürieren. Eventuell etwas Wasser unterrühren. Sauce in ein Schraubglas füllen. Graupen einfüllen, darauf Möhren, Hähnchenbrust, Himbeeren, Chicoree und Nüsse.

UNTER ZEITDRUCK?

Während **SCHNELLES ESSEN** schlicht ungesund ist, machen auch Lesen, Fernsehen und Tippen auf dem Smartphone jede Art von Genuss von vornherein unmöglich.

DAS PROBLEM MIT DEM FAST FOOD wäre gar nicht so schlimm, wenn es nicht auch Fast-Eating bedeuten würde. Schnelles, unachtsames Essen hat jedoch auch gesundheitliche Folgen – unabhängig davon ob eine Currywurst oder eine Schale Superfood verspeist wird.

Einerseits verhindert schnelles Essen, dass Sättigungsmechanismen in Gang kommen und sorgt dafür, das man zu viel isst. Wer sein Essen aus Zeitdruck oder vor lauter Stress hinunterschlingt, kann zudem nicht richtig verdauen. Das Essen wird dann unbekömmlich.

UNTER FREUNDEN!

Wer gemeinsam mit anderen isst, nimmt sich **DEUTLICH MEHR ZEIT** – dadurch schmeckt es auch gleich viel besser.

Franzosen sterben nur halb so oft an **HERZKRANKHEITEN** wie die Deutschen. Das könnte auch daran liegen, dass sie sich zum Essen pro Tag mehr als zwei Stunden Zeit nehmen.

DER MENSCH ISST MIT ALLEN SINNEN. Darum macht ein Mittagessen in einer kretischen Strandtaverne satter und zufriedener als ein Lunch in einem Fast-Food-Restaurant. Auch Kochen und Essen in Familie oder mit Freunden ist allemal besser als allein zu mampfen: Der Körper entspannt sich, dadurch wird Genuss erst möglich. Das hat ungeahnte Folgen: Genießer sind insgesamt schlanker, ausgeglichener und glücklicher. Genuss und Freude am Essen wirken sich positiv auf Wohlbefinden und Gesundheit aus.

Weißbrot, Nudeln, Spätzle, Kuchen – Getreide ist ein wichtiger Energielieferant und versüßt uns das Leben. Doch „leere“ Kohlenhydrate und Weizen sind in Verruf geraten. Teilweise zwar zu Unrecht, doch fest steht: Wer viel Vollkorn isst, versorgt sich mit B-Vitaminen sowie Ballast- und Mineralstoffen. Einige Körner enthalten obendrein eine Menge Eiweiß.

VOLLES KORN!

VIELE KOHLENHYDRATE – ODER LIEBER WENIGE?

Jahrelang riet die Deutschen Gesellschaft für Ernährung (DGE) der Bevölkerung dazu, sich an Brot, Kartoffeln, Nudeln und Reis satt zu essen. Doch im Sommer 2017 strichen die Experten diesen Rat aus ihren „10 Regeln für eine vollwertige Ernährung". Denn: Es sei sinnvoller, auf das gesamte Ernährungsmuster zu achten. Die DGE-Experten halten es darum für vertretbar, weniger als die bislang empfohlenen Kohlenhydrate zu essen, wenn dafür mehr gesunde Fette, Gemüse, Obst, Hülsenfrüchte und Vollkorn auf dem Speiseplan stehen.

Bereits zuvor hatte die DGE in einer Leitlinie zum Thema Kohlenhydrate festgestellt, dass ein hoher Anteil an Kohlenhydraten in der Nahrung offenbar nicht das Risiko senken könne, an Fettsucht, Diabetes mellitus (Typ 2), Bluthochdruck, dem Metabolischem Syndrom, koronaren Herzkrankheiten oder Krebs zu erkranken.

Vielfältig und unterschiedlich

Eine große Portion an Kohlenhydraten begegnet uns unter anderem in Getreide und Kartoffeln. Beide sind reich an Stärke. Diese besteht aus aneinandergereihten Glukose-Molekülen, die im Verdauungstrakt jedoch sehr schnell zerlegt werden. Dagegen finden sich in Haushaltszucker, Süßigkeiten, Früchten und Honig vor allem die Einfachzucker Glukose und Fruktose.

Fakt ist: Der Mensch braucht Kohlenhydrate, um seinen Energiebedarf zu decken. Allein unser Kontrollzentrum, das Gehirn, verlangt täglich 140 Gramm Glukose, um funktionieren zu können. Glukose wird zudem bei jeder Art von körperlicher Anstrengung verbraucht.

Obendrein sind Kohlenhydrate nicht nur wichtig bei der Signalübertragung von Zelle zu Zelle, sondern auch Bestandteil des Binde-, Knochen- und Knorpelgewebes. Zu den Kohlenhydraten zählen auch Ballaststoffe wie Zellulose, Pektin, Pflanzengummis, Schleimstoffe und Lignin (siehe S. 112).

Berg- und Talfahrt im Blut

Welche Kohlenhydrate wir essen, ist durchaus von Bedeutung. So stehen etwa Softdrinks wegen ihres hohen Zuckergehaltes auf dem Index. Sie treiben den Blutzucker und damit den Insulinspiegel drastisch in die Höhe – danach fällt der Zuckerspiegel wieder steil ab. Man bekommt also wieder Hunger und überisst sich leicht. Das führt vor allem bei gleichzeitigem Bewegungsmangel zu Übergewicht. Und dies wiederum ist ein Risikofaktor für eine Insulinresistenz, eine Vorstufe zum Diabetes.

Wie stark ein Lebensmittel die Blutzuckerwerte erhöht, lässt sich mithilfe des „Glykämischen Index" (GI) oder der „Glykämischen Last" (GL) beziffern. Dabei gelten kohlenhydratreiche Lebensmittel mit niedrigem GI als gesünder. So hat Vollkornbrot aus fein vermahlenem Korn einen höheren GI als Ganzkorn- oder Schrotbrot. Mehltypen mit hoher Typenzahl enthalten mehr Ballast- und Mineralstoffe. Je niedriger die Zahl desto „weißer" das Mehl. Zur Verdeutlichung hier das Beispiel Weizenmehl:

- Type 0 (zum Beispiel für Pizzateig)
- Type 405 (zum Beispiel für Kuchen und Backwaren)
- Type 1050 (zum Beispiel für Mischbrot)
- Vollkornmehl (ohne Typenzahl, da das gesamte gereinigte Korn enthalten ist)

MYTHOS 1: Kartoffeln machen dick

Bislang fehlt für diese Behauptung jeder Beweis. Im Gegenteil: Kartoffeln sind ein gesundes Lebensmittel, reich an hochwertigem Eiweiß, Ballaststoffen, Vitamin C und Kalium. Dagegen sind viele Kartoffelprodukte, etwa Chips oder Pommes frites, sehr kalorienreich. Da viele Ernährungsstudien nicht die Art der Zubereitung abfragen, ergaben sie teilweise einen Zusammenhang zwischen Kartoffelverzehr und Übergewicht.

MYTHOS 2: Kohlenhydrate am Abend machen dick

Einige Studien bestätigen das, andere fanden keinen Einfluss von Brot oder Nudeln am Abend. Für das Gewicht scheint eher die gesamte, über den Tag aufgenommene Kalorienmenge eine Rolle zu spielen.

MYTHOS 3: Mit „Low fat" lässt sich besser abnehmen als mit „Low carb"

Das stimmt nicht. Mit beiden Varianten kann man einige Pfunde verlieren. Dabei kommt es auf den Typ an. Manche Menschen sind eher Beilagenesser und halten eine Diät, die nur 10 bis 30 Prozent Kohlenhydrate erlaubt, kaum durch.

Andere fühlen sich durch eine protein- und fettreiche Diät besser gesättigt und nehmen darum mit einer Low-carb-Diät erfolgreicher ab. Auch für die Blutzuckerwerte von Diabetikern scheint ein solches Kostregime günstiger zu sein.

MYTHOS 4: Frisches Brot ist schwer verdaulich

Das stimmt zum Teil: Frisches Brot wird häufig zuwenig gekaut. Das kann bei empfindlichen Menschen einen Dehnungsschmerz im Magen verursachen. Altbackenes Brot muss man dagegen gut kauen.

CORNFLAKES?

Manche Zerealien enthalten pro Portion umgerechnet **ACHT STÜCK WÜRFELZUCKER**. Ob gewalzt, gepresst oder gepufft – viele Frühstückszerealien sind hoch verarbeitet und nicht gesund.

JE STÄRKER VERARBEITET ein Lebensmittel ist, desto ungesünder ist es meist. Deshalb sollten Frühstückszerealien, Eiscreme, Softdrinks sowie Instantsuppen, Tiefkühlpizza und andere Fertiggerichte möglichst selten auf den Tisch kommen. Sie liefern jede Menge Fett – vor allem gesättigtes Fett und Transfettsäuren. Hinzu kommen Salz, Zucker und Zusatzstoffe. Nichts einzuwenden ist gegen „Halbfertigprodukte", die nur wenige Verarbeitungsprozesse durchlaufen haben. Dazu gehören Tiefkühlgemüse, Dosentomaten und Trockennudeln.

HAFERFLOCKEN!

DAS BESSERE FRÜHSTÜCK sind Haferflocken – am besten mit Beeren oder Obststückchen aufgepeppt. Generell liefern wenig verarbeitete Lebensmittel – wie auch selbst gekochte Speisen – mehr Eiweiß, Ballaststoffe sowie Vitamine und sekundäre Pflanzenstoffe. Ihre Energiedichte ist geringer, zudem sättigt das Eiweiß. Kein Wunder, dass Fans frischer, wenig verarbeiteter Produkte seltener unter Übergewicht, Bluthochdruck und Diabetes leiden als Fast-Food-Liebhaber. Obendrein sind sie besser mit Kalzium und dem B-Vitamin Folat versorgt.

ETIKETTEN RICHTIG LESEN

Zwar bewirbt die Industrie ihre Lebensmittel derzeit gern mit Zutaten, die gar nicht darin vorkommen – etwa: „Ohne Geschmacksverstärker". „Clean Labelling" heißt dieser Trend. Schließlich macht es sich gut, wenn gerade Fertigprodukte möglichst wenige Inhaltsstoffe aufweisen. Trotzdem steckt in vielen Produkten noch immer ein wahres Sammelsurium an Zutaten. Nur wer Bescheid weiß, geht Werbung und Etikett nicht auf den Leim.

1 Kohlenhydrate Seit Dezember 2016 **müssen Lebensmittelverpackungen Kalorien- und Nährwerte aufführen**. Aufpassen: Unter „Kohlenhydrate" sind dabei nur verdauliche wie Einfachzucker (zum Beispiel Glukose), Zweifachzucker (Saccharose), Mehrfachzucker (etwa Stärke) und Zuckeralkohole (wie Sorbitol) zusammengefasst. Die zusätzliche Angaben des Gehaltes an Ballaststoffen – unverdaulichen Kohlenhydraten – ist freiwillig.

2 Zucker Die Verbraucherzentralen listen in einem Marktcheck **zahlreiche süßende Zutaten auf, die Verbraucher nicht als solche erkennen:** Dextrin, Dicksaft, Fruchtextrakt, Fruktose, Gerstenmalz getrocknete Früchte, Inulin, Joghurtpulver, Laktose, Oligofruktose und Saccharose. Doch ob ein Produkt zu viel energiehaltigen Zucker liefert, lässt sich anhand der Nährwertkennzeichnung erkennen – unter der Rubrik „Kohlenhydrate – davon Zucker". **Laut Ampelcheck-Karte der Verbraucherzentralen gilt ein Wert von unter 5 Gramm Zucker pro 100 Gramm als zuckerarm**, während mehr als 12,5 Gramm als Zuckerbombe gelten. Für Getränke gelten die halben Werte – jeweils für 100 Milliliter. Was die Angabe nicht verrät: ob der Zucker ursprünglich in einem Lebensmittel vorkommt – wie Fruchtzucker in Obst – oder ob er zugesetzt wurde.

3 Fett Unter dem Punkt „Fett" ist der Gesamtfettgehalt anzugeben. Dazu zählen alle gesättigten und ungesättigten Fettsäuren. **Als „fettarm" gilt laut Ampelcheck ein Fettgehalt von unter 3 Gramm pro 100 Gramm**, ab 20 Gramm ist ein Produkt fettreich. Enthält es Palmöl, muss dieses auf der Zutatenliste auftauchen.

4 Gesättigtes Fett Da die Gruppe der gesättigten Fettsäuren als ungesund gilt, müssen diese extra aufgelistet werden. Laut Deutscher Gesellschaft für Ernährung (DGE) sollten nicht mehr als 10 Prozent der gesamten Energiezufuhr aus gesättigten Fettsäuren stammen. **Ein Gehalt von weniger als 1,5 Gramm gesättigten Fettsäuren**

pro 100 Gramm ist wenig, bei mehr als 5 Gramm zeigt die Lebensmittelampel der Verbraucherzentrale „Rot".

5 Eiweiß Der Eiweißgehalt sagt nichts über den Gehalt an unentbehrlichen Aminosäuren aus. **Entfallen mehr als 20 Prozent der Kalorien eines Lebensmittels auf den Eiweißanteil, darf es als „reich an Eiweiß" bezeichnet werden.**

6 Salz Viele Fertigprodukte enthalten zu viel Salz. **Grün zeigt die Lebensmittelampel, wenn in 100 Gramm weniger als 0,3 Gramm Salz stecken**, bei mehr als 1,5 Gramm zeigt die Ampel dagegen rot.

7 Portionsgrößen Wie groß ist eine Portion? Kommt drauf an. **Packungsangaben sind oft irreführend**, denn darauf werden kleinere Portionen angegeben, als ein normaler Esser verzehrt. Auf diese Weise lassen sich unerwünscht hohe Gehalte an Fett, Zucker oder Salz klein rechnen.

8 Zutatenliste Auf verpackten Lebensmitteln müssen die Zutaten, darunter Zusatzstoffe und Aromen, angegeben sein. **Die Zutaten sind in absteigender Reihenfolge ihres Gewichtsanteils aufzulisten.** Vorsicht: In manchen Fertigprodukten stecken verschiedene Zuckerarten – diese belegen dann nicht unbedingt die vorderen Plätze. Das Produkt kann trotzdem sehr zuckerhaltig sein. Darüber wiederum muss die Nährwertkennzeichnung aufklären. Bei Zutaten, die ihrerseits eine Mixtur sind – wie Salami auf der Pizza – sind die einzelnen Bestandteile anzugeben, entweder separat oder im Verzeichnis sämtlicher Zutaten. Stecken jedoch Zusatzstoffe ohne technologische Wirkung im Produkt, müssen sie auch nicht auf der Liste stehen. Dasselbe gilt für Verarbeitungshilfsstoffe, etwa Enzyme, die im Produktionsprozess erst zugesetzt und dann aus dem Produkt wieder entfernt wurden. Eine Ausnahme bilden hier die Hauptallergene.

9 „Frei von" **Gluten- und laktosefreie Produkte braucht kein gesunder Mensch.** Auch mit Labeln wie „ohne Konservierungsstoffe" sowie „ohne geschmacksverstärkende Zusatzstoffe" wird Schindluder getrieben. Im ersten Beispiel könnten dennoch Antioxidations- oder Säuerungsmittel zugegeben worden sein, die ebenfalls konservierende Wirkung haben. Im zweiten Fall könnten geschmacksverstärkender Hefeextrakt oder Proteinhydrolysate im Lebensmittel stecken.

10 Digitale Helfer Apps wie „Food-Check", „Codecheck", oder „Barcoo" lotsen Käufer durch den Zutatendschungel im Supermarkt.

E-NUMMERN/ ZUSATZSTOFFE

Zusatzstoffe werden Lebensmitteln zugesetzt, um sie haltbar oder stabil zu machen. Auch Farbstoffe, Aromen und Geschmacksverstärker zählen dazu. Zusatzstoffe müssen ein Zulassungsverfahren durchlaufen und werden dann kontinuierlich durch die Lebensmittelbehörden geprüft – gefährlich sind sie also nicht. Allerdings gibt es einige E-Nummern, die kritisch zu bewerten sind. Zusatzstoffe müssen in der Zutatenliste aufgeführt werden. Wer sie meiden will, kann also relativ einfach darauf verzichten.

1 Farbstoffe Einige Farbstoffe können Aktivität und Aufmerksamkeit von Kindern beeinträchtigen, die Verpackung muss in diesen Fällen einen entsprechenden Hinweis tragen. Zu den kritischen Färbemitteln zählen Tartrazin (E 102), Azorubin (E 122), Cochinillerot (E 124) und Allurarot (E 129). Hersteller greifen deshalb zunehmend zu natürlichen Farbstoffen. Aktuell umstritten ist der weiße Farbstoff Titandioxid (E 171). **Man findet ihn in essbarer Käserinde oder als Überzug auf Kaugummis.** Menschen mit chronischen Darmentzündungen sollten darauf verzichten.

2 Konservierungsstoffe Benzoesäure (E 210) und Natriumbenzoat (E 211) können **pseudoallergische Reaktionen hervorrufen – von Magen-Darm-Beschwerden über Juckreiz bis zu Asthmaanfällen.** Bei empfindlichen Menschen reichen geringere Mengen als die Tagshöchstdosis. Zwar treten Reaktionen hierzulande bei weniger als einem Prozent der Menschen auf. Bei Menschen mit Neurodermitis, Nesselsucht oder Asthma liegt deren Häufigkeit jedoch bei bis zu 50 Prozent. Viele Asthmatiker vertragen auch Schwefeldioxid (E 220) und Sulfite (E 221 bis 228) nicht. **Zu finden sind Konservierungsstoffe etwa in Senf, Trockenobst, Wein und Kartoffelpüree.**

3 Antioxidationsmittel Sie schützen Lebensmittel vor chemischen Reaktionen mit Sauerstoff. Zu ihnen zählen zum Beispiel Phosphorsäure (E 338) und Phosphate (E 339 bis 343 sowie E 450 bis 452), die in **Schmelzkäse, H-Milch, Softdrinks, Gebäck** und ähnlichem eingesetzt werden. Zum einen gibt es Hinweise, dass zu viel E 338 bei Nierenkranken aber womöglich auch Gesunden das Risiko für Herz-Kreislauf-Erkrankungen erhöht. Obendrein tragen Phosphate zur Säurelast bei und können in Überdosen die Knochen brüchig machen.

4 Verdickungsmittel Sorbit und Sorbitsirup (E 420) sowie Mannit (E 421) sind **Zuckeraustauschstoffe und werden in kalorienreduzierten Produkten eingesetzt.** Sie gelangen nur langsam aus dem Dünndarm ins Blut, daher kann ein Zuviel dieser Substanzen schaden. Sie wandern in den Dickdarm und lösen dort Bauchschmerzen, Blähungen und Durchfall aus. Das gilt vor allem für Menschen, die Fruchtzucker nicht vertragen. **Umstritten ist auch Carrageen (E 407), ein Verdickungsmittel aus Rotalgen.** Es steht im Verdacht, Darmbeschwerden auszulösen. Im Tierversuch führte es darüber hinaus zu Veränderungen des Immunsystems. Auch wenn es die Behörden für unbedenklich halten, verzichten manche Bio-Hersteller vorsichtshalber darauf. **E 407 steckt oft in H-Sahne, Pudding, Tortenguss und Speiseeis.**

5 Säureregulatoren und Trennmittel Aluminiumsulfat (E 520) und andere aluminiumhaltige Zusatzstoffe (E 521 bis 523, E 541, E 551 bis 559, E 173) können erheblich zur Gesamtaufnahme von Aluminium beitragen. Das ist bedenklich, da sich das Metall im Körper anreichert und wahrscheinlich auf Dauer die Fruchtbarkeit mindert sowie Nervensystem und Knochenentwicklung schädigt. **Aluminiumhaltige Stoffe stecken etwa in Vitaminzubereitungen, Nahrungsergänzungsmitteln und Backpulver.**

6 Geschmacksverstärker Glutaminsäure (E 620) sowie Glutamate (E 621 bis 625) schädigen wahrscheinlich nicht – wie über lange Zeit diskutiert wurde – das Gehirn und lösen keinen Alzheimer aus. Viel Glutamat steckt auch in Hefeextrakt. Dieser wird teilweise Bio-Lebensmitteln zugesetzt und suggeriert fälschlicherweise einen Verzicht auf Geschmacksverstärker. Glutaminsäure kommt übrigens auch in der Natur in großen Mengen vor, beispielsweise in Tomaten und Parmesan.

7 Süßungsmittel Aspartam (E 951) war lange umstritten: Unter anderem wurde dem Stoff unterstellt, Krebs auszulösen. Die Europäische Behörde für Lebensmittelsicherheit (EFSA) stufte ihn jedoch wiederholt als ungefährlich ein. **Aspartam enthält fast keine Kalorien und wird darum in zuckerreduzierten Getränken eingesetzt.** In solchen „Light-Produkten" steckt auch Saccharin (E 954). Ob diese zum Abnehmen taugen, ist nicht belegt. Möglicherweise holt sich der Körper die fehlenden Kalorien an anderer Stelle wieder.

8 Bio-Produkte Für konventionelle Lebensmittel sind rund 320 Zusatzstoffe zugelassen. Produkte mit EU-Biosiegel dürfen nur 50 enthalten. Noch strenger sind ökologische Anbauverbände: Sie erlauben sogar nur 20 Zusatzstoffe.

PIZZA BESTELLEN?

DER MODERNE LEBENSSTIL lässt nur wenig Zeit zum Einkaufen und Kochen. Der vom Verbraucherministerium herausgegebene Ernährungsreport 2017 konstatiert einen ungebremsten Trend zu Fertigprodukten. Klar, wer nach einem stressigen Bürotag hungrig in den Supermarkt hechtet, greift gern zu Tiefkühlpizza und Fertigmenü. Geht schnell, macht satt. Gesund? Eher nicht. Mit Lieferdiensten tut sich auch nur etwas Gutes, wer statt Pizza und Burger frischen Salat, Fisch oder mageres Fleisch bestellt. Verpackungsmüll fällt aber dennoch reichlich an.

VORRÄTE ANZAPFEN!

WER SICH MIT GUTEN, haltbaren Produkten eindeckt, muss gar nicht täglich shoppen: Reis, Nudeln, Bulgur, Hirse, Gries, Graupen als Grundlage, dazu Bohnen, Kichererbsen, Erbsen und Tomaten in Dosen. Zum Würzen Salz, Pfeffer und weitere Gewürze. Außerdem Tomatenmark, Essig, Öl, Senf und Sambal Oelek für die Schärfe. Parmesan, Kapern, getrocknetes Obst und Nüsse geben den Kick. Im Tiefkühlfach drei Sorten Gemüse und Beeren für den Nachtisch. Jetzt noch Zitronen und Topfkräuter – und alle drei, vier Tage Frisches nachkaufen.

KOCHEN MIT VORRÄTEN

NUR FRISCHES IST GESUND? Was für ein Irrtum! Wer haltbare Produkte im Haus hat, kann aus ihnen im Nu Köstliches zaubern!

Walnüsse

Walnüsse liefern 70 Prozent ungesättigte Fettsäuren, viel Vitamin B, E und Mineralstoffe. Wegen ihrer Form hieß es früher, sie seien gut fürs Gehirn – laut Studien könnte das sogar stimmen.

Wok-Gemüse

TK-Wokgemüse enthält exotische Sorten wie Mungobohnenkeime, Wasserkastanien, Bambussprossen und Mu-Err-Pilze. Am besten ungewürzte Mischungen kaufen und selbst würzen.

WOKGEMÜSE-SCHMARRN

Für 2 Portionen:
3 Eier
Salz, Pfeffer
80 ml Milch, Hafer- oder Sojadrink
oder Gemüsebrühe
60 g Mehl
½ TL Backpulver
1–2 EL Öl
480 g Wokgemüse (TK)

Pro Portion: 372 kcal, 16 g F, 36 g KH, 5 g B, 19 g E

1 Die Eier trennen. Eiweiße mit einer Prise Salz steif schlagen und beiseitestellen. Eigelbe mit Salz, Pfeffer, Milch, Mehl und Backpulver gut verrühren und den Eischnee unterheben.
2 Das Öl in einer großen beschichteten Pfanne erhitzen und das Wokgemüse darin 3 Minuten bei großer Hitze anbraten. Danach sollte das Wasser in der Pfanne verdampft sein. Die Eimasse in die Pfanne geben und bei mittlerer Hitze etwa 4 Minuten braten. Dann mit zwei Pfannenwendern die Eimasse in große Nocken teilen und umdrehen. Eventuell etwas weiteres Öl zugeben. Noch einmal 3 bis 4 Minuten garen, dann sofort servieren.

Tipp: Wenn der Vorratsschrank es hergibt, kann man das Gemüse mit frischen Kräutern und Asia-Gewürzen, zum Beispiel 5-Spice-Pulver, aufpeppen. Wer süßsaure Chilisauce im Vorrat hat, träufelt etwas davon über den Fernost-Schmarrn.

SPAGHETTI MIT RAHMSPINAT UND WALNÜSSEN

Für 2 Portionen:
150 g Spinat (TK, aufgetaut)
40 g Walnüsse
1 kleine Dose Maiskörner (140 g Abtropfgewicht)
200 g Spaghetti
Salz, Pfeffer
5 EL Sahne
50 g Ziegenfrischkäse (oder Gorgonzola, Kräuterfrischkäse, Hüttenkäse)

Pro Portion: 592 kcal, 21 g F, 73 g KH, 8 g B, 20 g E

1 Den Spinat etwas ausdrücken und eventuell hacken. Die Nüsse grob zerteilen, den Mais in einem Sieb abtropfen lassen.
2 Die Spaghetti in Salzwasser nach Packungsanweisung garen. Die Nudeln abgießen, dabei 100 ml Kochwasser auffangen.
3 Kochwasser, Sahne, Spinat, Maiskörner und Nudeln im Nudeltopf erhitzen und gut verrühren. Nudeln auf zwei Teller geben und mit den gehackten Walnüssen bestreuen, den Ziegenfrischkäse in Nocken daraufgeben.

Tipp: Wer eine (Bio-)Zitrone griffbereit hat, kann die Spaghetti vor dem Servieren mit abgeriebener Schale und Zitronensaft abschmecken.

AUS EISFACH UND DOSE

NICHT NUR KONSERVEN UND TK-GEMÜSE halten sich lange. Auch Kräuter im Topf, Zitrusfrüchte, Hartkäse und Eier sollte man stets in petto haben.

Zwiebeln

Schwefelverbindungen aus Zwiebeln wirken gegen Bakterien und verdünnen das Blut. Rote Zwiebeln liefern zudem Flavonoide, die vermutlich auch Krebszellen angreifen.

Tahini

Tahini wird aus Sesamsamen hergestellt. Sie enthalten besonders viel Kalzium, Zink und Eisen. Noch mehr Nährstoffe liefern ungeschälte Samen.

DREIERLEI HUMMUS

Für 2–3 Portionen

1 Dose Kichererbsen (260 g Abtropfgewicht)
2 EL Tahini (Sesampaste)
½ TL gemahlener Kreuzkümmel
3 EL Olivenöl
2 EL Zitronensaft
Salz und Pfeffer
2–3 EL gehackte Petersilie (eventuell TK)
1 TL Tomatenmark
1 Msp. Cayennepfeffer
1–2 getrocknete Feigen

Pro Portion (bei 3 Portionen): 320 kcal, 20 g F, 21 g KH, 5 g B, 9 g E

1 Die Kichererbsen abgießen und abtropfen lassen. Zusammen mit Tahini, Kreuzkümmel, Olivenöl und Zitronensaft fein pürieren. Sollte die Masse zu fest wird, etwas Wasser zufügen. Mit Salz und Pfeffer würzen und die Hummus-Masse dritteln.
2 Ein Drittel Hummus mit der Petersilie verrühren, ein zweites Drittel mit Tomatenmark, Cayennepfeffer und den fein gehackten Feigen verrühren. Das letzte Drittel Hummus bleibt, wie es ist.
3 Hummus auf Tellern anrichten, eventuell mit etwas Olivenöl beträufeln und zu geröstetem Brot oder Ofengemüse servieren.

Tipp: Wer Schwarzkümmel im Gewürzbord hat, streut ihn über das Kräuterhummus, zum Feigenhummus passt Thymian.

ONE-POT CURRY-REIS MIT BERBERITZEN

Für 2 Portionen:

1 Zwiebel
1 Knoblauchzehe
1 EL Öl
125 g Risottoreis
1 TL mildes Currypulver (oder Kurkuma, Garam Masala)
450 ml Brühe
200 g Erbsen (TK)
2 EL getrocknete Berberitzen (oder Rosinen)
Salz, Pfeffer
1 EL Frischkäse
2 EL geröstete Erdnüsse oder andere Nüsse

Pro Portion: 531 kcal, 18 g F, 68 g KH, 9 g B, 17 g E

1 Zwiebel und Knoblauch schälen und würfeln. Das Öl in einem Topf erhitzen, Zwiebeln und Knoblauch darin glasig dünsten. Reis und Currypulver zugeben und kurz anrösten.
2 Die Brühe zugießen, einmal aufkochen und zugedeckt 15 Minuten bei geringer Hitze köcheln lassen. Erbsen und Berberitzen zugeben und zugedeckt weitere 5 Minuten garen, der Reis sollte nun bissfest sein. Mit Salz, Pfeffer und eventuell weiterem Currypulver abschmecken, den Frischkäse unter den Reis ziehen und mit den Nüssen bestreut servieren.

Tipp: Wer auf der Fensterbank ein paar frische Kräuter stehen hat, dekoriert üppig mit Koriander, Schnittlauch oder Petersilie.

SCHNELL GEBACKEN?

In deutschem Brot dürfen 199 verschiedene **ZUSATZSTOFFE** enthalten sein. Damit etwa vorgeschnittene Scheiben nicht zu schnell verschimmeln, werden sie teils mit Konservierungsstoffen versetzt.

UM DEN BACKPROZESS ZU VERKÜRZEN und Brot haltbarer zu machen, setzen Großbäckereien, aber auch Handwerksbetriebe auf Backmittel. Quellmehle, Weizenkleber, Emulgatoren, Enzyme, Zuckerstoffe, Zusatzstoffe und vieles mehr dürfen bis zu 10 Prozent des Mehlanteils ausmachen. Hauptsache, das Brot ist normgerecht und billig. Auch der Name führt oft in die Irre. So suggerieren „Vital-" oder „Körnerbrot", dass es sich um Vollkornbrot handelt. Das jedoch muss zu mindestens 90 Prozent aus Vollkornmehl oder -schrot bestehen.

LANGSAM GEREIFT!

VON DEUTSCHER BACKTRADITION zeugen rund 300 verschiedene Brotsorten. Um ein gutes Brot zu backen, braucht es im Grunde kein einziges Backmittel – dafür aber Zeit. Nur wenn Sauerteig ausreichend lange reift, bauen mehleigene Milchsäurebakterien und Hefen schwer verdauliche Stoffe wie Gluten und Phytinsäure aus dem Korn ab und bilden Aromen. Im Sauerteig entstehen zudem Substanzen, die gegen Schimmel vorgehen – Konservierungsstoffe sind also unnötig. Weil jedoch Zeit Geld ist, müssen immer mehr Bäcker aufgeben.

WARENKUNDE GETREIDE

Bereits in der Spätsteinzeit sammelte der Homo Sapiens wild wachsende Getreidekörner und zermahlte sie mit Steinen. Im Neolithikum vor rund 12 000 Jahren wurden Sammler und Jäger sesshaft und bauten Getreide an. Anders als häufig behauptet, hat das Spuren in unserem Genom hinterlassen: Der moderne Mensch verfügt über ganze zwölf Amylase-Gene, während die Frühmenschen nur über eines verfügten. Amylase im Speichel des Menschen hilft dem Körper Stärke aufzuspalten, wie sie gebündelt im Mehlkörper von Getreidekörnern vorkommt. Alle Mengenangaben beziehen sich – wenn nicht anders angegeben – auf 100 Gramm verzehrfertiges, ungekochtes Lebensmittel.

Amaranth

Amaranth zählt zu den Pseudozerealien und ist wegen seiner hohen Nährstoffdichte sogar bei Astronauten beliebt. Allerdings benötigt er Wärme und kann deshalb nicht in Deutschland angebaut werden. Mit 16 Gramm liefert Amaranth sehr viel Eiweiß. Dieses ist obendrein sehr hochwertig, da es die in Pflanzen selten vorkommende Aminosäure Lysin enthält.

Gesund sind auch die 6 Gramm ungesättigten Fettsäuren, 9 Gramm Ballaststoffe, 215 Milligramm Kalzium, sowie 9 Milligramm Eisen. Amaranth enthält außerdem kein Gluten.

Kochzeit: 25 Minuten.

Bulgur

Bulgur ist Weizenschrot und sehr beliebt in der orientalischen Küche. Meist wird er aus Hartweizen gewonnen. Im sogenannten „Parboiled"-Verfahren wandern Vitamine und Mineralstoffe aus den Außenschichten in das Innere des Korns. Deswegen ist Bulgur, obwohl er teilweise geschält wird, sehr nährstoffreich. 9 Gramm Eiweiß und 10 Gramm Ballaststoffe stecken in Bulgur, dazu B-Vitamine, Magnesium, Phosphor, Eisen und Zink.

Kochzeit: 5 bis 7 Minuten. Danach einige Minuten bei geschlossenem Deckel ziehen lassen. Instantware kann man einfach über Nacht in kaltem Wasser quellen lassen – fertig.

Couscous

Couscous ist Grieß aus Hartweizen, Gerste oder Hirse. Couscous wird wie Bulgur vor allem in orientalischen Gerichten verwendet, etwa als Salat mit Tomaten, Oliven, Knoblauch und Petersilie. Couscous herzustellen ist zwar aufwendig und mit dem teilweisen Verlust von Nähr- und Ballaststoffen verbunden. Dennoch zählt Couscous wie Mehl und Nudeln zu den wenig verarbeiteten Lebensmitteln. In Bioläden ist auch Vollkorn-Couscous erhältlich.

Kochzeit: **Mit kochendem Wasser übergießen und danach rund 10 Minuten in einem geschlossenen Gefäß ziehen lassen.**

Dinkel/Grünkern

Grünkern ist vor der Vollreife geernteter Dinkel. Er wird über Holzfeuer gegarrt und bekommt dadurch seinen aromatisch-würzigen Geschmack. Das Verfahren wurde aus der Not heraus geboren, als der Hunger so groß war, dass man das Getreide frühzeitig einfuhr. Auch Dinkel ist eiweiß- und in der Vollkorn-Variante ballaststoffreich. Ebenso kann man sich mit B-Vitaminen, Eisen und Zink versorgen. Dinkel ist eine Weizensorte, enthält also Gluten, teilweise sogar mehr als Weizen.

Kochzeit: **Grünkern braucht 40 bis 50 Minuten, bis er gar ist. Dinkel kommt zunehmend in der Brotherstellung zum Einsatz.**

Einkorn, Emmer, Gelbweizen

Alle drei sind alte Weizensorten. Vor allem Einkorn und Gelbweizen gelten als gesünder als Brotweizen, da sie große Mengen an Lutein enthalten. Dieser Stoff bewahrt womöglich vor altersbedingter Makuladegeneration. Das Besondere: Lutein findet sich auch in Auszugmehlen, denn es steckt im Mehlkörper, nicht im Rand. Auch Vitamin E ist in alten Weizensorten enthalten. Einkorn weist zudem höhere Gehalte an Zink und Selen auf als Weizen. Auch Kamut und Dinkel zählen zu den alten Weizensorten. Alle Weizensorten enthalten Gluten.

Verwendung: **Sämtliche Urweizen-Sorten werden meist als Mehl verwendet und in Brot verbacken.**

Nudeln (Hartweizengrieß)

Hartweizennudeln erhalten ihre gelbliche Farbe nicht ausschließlich durch Zugabe von Ei, sondern durch das im Hartweizen vorhandene Karotin. Hartweizen ist zudem eiweißreicher als Weichweizen – 100 Gramm gekochte Nudeln ohne Ei liefern 5 Gramm Eiweiß. Ihr schlechtes Image haben die hellen Nudeln also eigentlich nicht verdient. Hierzulande sind eher Eiernudeln üblich, die jedoch den gleichen Eiweißanteil liefern. Spätzle haben eine jahrhundertelange Tradition in Baden-Württemberg. Sie wurden ursprünglich aus Dinkel hergestellt.

Kochzeit: Je nach Sorte gilt die auf der Verpackung stehende Zeitangabe.

Haferflocken

Eine Vorliebe für Haferbrei hatten bereits die Germanen und wurden dafür von den Römern verspottet. Für diese diente Hafer als Tierfutter. Dabei sind Haferflocken sehr gesund. Sie liefern 10 Gramm Ballaststoffe, viel Kalzium, Eisen und Zink. Besonders gut untersucht ist das sogenannte Beta-Glukan, ein löslicher Ballaststoff. Er senkt nachweislich den Cholesterinspiegel im Blut. Hafer ist glutenfrei, allerdings häufig mit Stäuben von anderen Getreidearten „verunreinigt" – daher für Zöliakie-Kranke ungeeignet.

Verwendung: Haferflocken in Müsli (Deutschland) oder Porridge (Großbritannien) kommen häufig auf den Frühstückstisch.

Hirse

Hirse war wahrscheinlich das erste Getreide, das im Neolithikum angebaut wurde. Hirse liefert viel Eisen (7 Milligramm) und Zink (3 Milligramm). Der Eiweißgehalt ist mit 11 Prozent recht hoch, zudem enthält Hirse die oft knappe Aminosäure Lysin. Glutenfrei. Im Naturkostladen gibt es auch ungeschälte Hirse, die einen noch höheren Nährstoffgehalt besitzt. Als Wundermittel wird (rohes) Braunhirsemehl beworben. Wegen einiger bedenklicher Inhaltsstoffe sollte es aber nur in kleinen Mengen gegessen werden.

Kochzeit: 15 bis 25 Minuten. Braunhirsemehl lässt sich gut in Joghurt und Müsli rühren.

Quinoa

Das Pseudogetreide aus den Anden gedeiht unter extremen Witterungsbedingungen und auf nährstoffarmen Böden. Es ist eiweißreicher (bis zu 15 Prozent) als Weizen, Mais und Reis. Dabei liefert es lebensnotwendige Aminosäuren, zudem ungesättigte Fettsäuren und ist glutenfrei. Viel Vitamin E, Folat, Kalzium, Kalium und Magnesium stecken in Quinoa – dazu Eisen und Zink in nennenswerten Mengen. Die Welternährungsorganisation (FAO) empfiehlt das Korn der Anden deshalb in Hungerregionen.

Kochzeit: 15 bis 20 Minuten. Eventuell enthaltene bittere Saponine werden durch Waschen reduziert.

Roggen

Roggen baute man lange Jahre gemischt mit Weizen an. Im Anschluss wurde Mischbrot gebacken. Heute wird immer weniger Roggenbrot gegessen. Schade, denn Roggen liefert sogar etwas mehr Ballast- und Mineralstoffe als Weizen, zudem viele unentbehrliche Aminosäuren sowie B-Vitamine. In dem Getreide steckt zudem ein hoher Anteil an gesundheitsfördernden sekundären Pflanzenstoffen, etwa Polyphenole. Roggen liefert auch nur ein Drittel soviel Gluten wie Dinkel.

Verwendung: Bei der Herstellung von Sauerteigbroten kommt Roggenmehl zum Einsatz.

Reis

Vollkornreis/Naturreis: Obwohl es sich um ein Vollkornprodukt handelt, liefert der Reis im Vergleich zu anderen Vollkorngetreide weniger Ballaststoffe, nämlich nur rund 2 Gramm. Trotzdem liefert er Eiweiß, B-Vitamine und andere Nährstoffe in nennenswerten Mengen. Noch besser: Wildreis. Beim Parboiled-Verfahren wandern Vitamine und Mineralstoffe aus den Randschichten in den Mehlkörper der Körner. Darum hat Parboiled-Reis mehr Nährstoffe als herkömmlicher Langkornreis, obwohl beide Sorten geschält werden. Reis ist glutenfrei.

Kochzeiten: Naturreis: 30 bis 50 Minuten, Parboiled-Reis: 20 Minuten.

BALLASTSTOFFE – EIN FEST FÜR DARMBAKTERIEN

Vollkornbrot und Frischkornbrei hielten die meisten Ernährungswissenschaftler jahrelang für unverdaulichen und verzichtbaren Ballast. Doch seit geraumer Zeit ist der Gesundheitswert von ballaststoffreicher Kost unumstritten. So ist sicher, dass eine erhöhte Zufuhr an Ballaststoffen den Cholesterinspiegel im Blut absenkt. Ballaststoffe helfen bei Erwachsenen wahrscheinlich auch im Kampf gegen Fettleibigkeit, Diabetes, Bluthochdruck, Herz-Kreislauf-Erkrankungen sowie Dickdarmkrebs.

Ballaststoffe verlängern das Leben

Summa summarum wirkt ein hoher Ballaststoffanteil offensichtlich auch lebensverlängernd. So deckte im Jahr 2011 eine große Studie mit rund 390 000 Teilnehmern und einem Beobachtungszeitraum von 9 Jahren auf, dass Anhänger von Vollkornprodukten eine um 22 Prozent niedrigere Sterberate haben als Weißbrotfans. In einer weiteren Studie waren es sogar 28 Prozent.

Fachgesellschaften empfehlen Erwachsenen deshalb, täglich 30 Gramm Ballaststoffe aufzunehmen. Mindestens die Hälfte davon sollte aus Vollkorngetreide stammen, der Rest aus Gemüse, Hülsenfrüchten, Obst und Nüssen.

Ballaststoffe sind Nahrungsbestandteile, die unser Verdauungssystem nicht oder nur teilweise abbauen kann. Sie lassen sich einteilen in lösliche und unlösliche Stoffe. Zu den löslichen zählen unter anderem Pektin und Inulin, die vor allem in Obst und Gemüse vorkommen. Unlösliche wie Zellulose, Hemizellulose und Lignin stecken in den Randschichten von Getreide.

In Getreide finden sich jedoch auch lösliche Ballaststoffe wie resistente Stärke und Oligosaccharide (Mehrfachzucker). Da die Enzyme in Magen und Dünndarm ihnen gegenüber machtlos sind, gelangen die Pflanzenfasern und Schleimstoffe unverdaut in den Dickdarm. Dort machen sich Darmbakterien über sie her und bauen sie zu kurzkettigen Fettsäuren und Gasen ab.

Aufräumkommando und Futter für Mikroben

Auf ihrem Weg durch den menschlichen Verdauungstrakt entfalten die Pflanzenstoffe, die im Darm aufquellen, diverse Wirkungen: Sie beschleunigen die Darmpassage und binden Gallensäuren, Östrogene sowie krebserregende Substanzen, darunter Schwermetalle. Von den Darmbakterien gebildete kurzkettige Fettsäuren etwa Butyrat hemmen das Wachstum von Krebszellen.

Ballaststoffe fixieren auch Cholesterin aus der Nahrung und senken damit den Cholesterinspiegel im Blut. Aufgrund ihres vergleichsweise großen Volumens machen Ballaststoffe besser satt. Sie verlangsamen zudem die Aufnahme von Zucker aus dem Darm ins Blut und verhindern so Blutzuckerspitzen. Neuerdings werden den Pflanzenstoffen obendrein anti-entzündliche Wirkungen zugeschrieben.

Allerdings spielen auch genetische Faktoren eine Rolle. So erkranken Vollkornfans nur dann seltener an Diabetes, wenn sie eine bestimmte Genvariante tragen. Ob extra zugesetzte Ballaststoffe Krankheiten abwehren, ist jedoch bislang ungewiss.

TIPP: Wenn Vollkornprodukte für Beschwerden sorgen

Bei manchen Menschen verursacht Vollkorn Verdauungsbeschwerden wie Blähungen. Auf jeden Fall ist es wichtig, stets ausreichend zu trinken, damit die Ballaststoffe aufquellen können und nicht verstopfen. Negative Symptome können sich bessern, wenn man die Zufuhr an Vollkornbrot oder -nudeln nur schrittweise erhöht. Mehr Ballaststoffe über Obst und Gemüse aufzunehmen, kann Beschwerden ebenfalls lindern.

Ballaststoffgehalte

Lebensmittel	g/100 g
Vollkornreis, gekocht	0,8
Eierteigwaren, gekocht	1,4
Weizenbrot (Weißbrot)	3,2
Vollkornnudeln, gekocht	4
Cornflakes	4
Grieß	7,1
Weizenvollkornbrot	7,5
Früchtemüsli ohne Zucker	8
Amaranth	9
Haferflocken	10
Kartoffeln, gekocht	1,2
Weiße Bohnen (Konserve)	3,3
Möhren, Paprika	3,6
Stein-, Austernpilze	6
Schwarzwurzeln	18,3
Äpfel	2
Schwarze Johannisbeeren	6,8
Trockenaprikosen, -/pflaumen	17,7
Kürbiskerne	8,7
Erdnüsse	11,7
Mandeln	13,5

Quelle: DGE-Nährwert-Tabelle 2016/2017

NEW NORDIC

ESSEN WIE DIE WIKINGER – das klingt wenig gesund. Zu Unrecht, viele Zutaten aus der nordischen Küche enthalten wertvolle Nährstoffe.

Gemüse und Hülsenfrüchte

Kohl, Möhren, Rote Bete, Kartoffeln und Bohnen halten gesund. Im Vergleich zu einer wurst-, zucker- und margarinereichen Kost ist die Sterblichkeitsrate 36 Prozent geringer.

Beeren

Neben Blau- und Preiselbeeren essen Skandinavier auch Molte-, Stein- und Moosbeeren. Gesund sind unter anderem deren Farbstoffe.

Haferflocken und Roggenbrot

Roggenvollkorn senkt den Blutzucker und hemmt vermutlich die Tumorbildung in Prostata und Darm. Hafer schützt das Herz.

Milchprodukte

Joghurt, Butter- und Sauermilch, Quark, Skyr und Käse reichlich, Butter und fettreiche Produkte nur in geringen Mengen.

Äpfel und Birnen

Statt Melonen, Orangen oder Pfirsichen stehen verschiedene Apfel- und Birnensorten auf dem Plan.

Pilze und Wildkräuter

Da sich die New Nordic Diet an Region und Saison rientiert, kommen auch Pilze und Wildkräuter auf den Tisch.

Nüsse und Samen

Hoch im Kurs stehen Walnüsse, Haselnüsse, Leinsamen und Sonnenblumenkerne. Gekocht wird vor allem mit Rapsöl.

Fisch, Muscheln und Algen

Lachs, Hering, Makrele und Forelle – teils frisch, teils fermentiert. Auch Krabben, Muscheln und Algen werden gern gegessen.

Fleisch

Fleisch aus artgerechter Haltung ist erlaubt, vor allem Geflügel und Wild. Gegart wird es gern bei Niedrigtemperatur im Schmortopf oder Ofen.

NUR KRANKE MÜSSEN GLUTEN WIRKLICH MEIDEN

Immer mehr Menschen vertragen Brot nicht. Sie kaufen glutenfreie Produkte oder erscheinen mit ihren Beschwerden in der Arztpraxis. Woran das liegen könnte – daran wird emsig geforscht. Häufig wird das in Weizen, Dinkel, Roggen und Gerste vorkommende „Klebereiweiß" Gluten verantwortlich gemacht. Allerdings belegen Auswertungen behördlicher Datenbanken von 1988 bis 2010, dass der „Feuchtklebergehalt" in Brotweizen im Bundesgebiet zwischen 26 und 29 Prozent schwankte – von dem oft behaupteten dramatischen Anstieg an Gluten kann also keine Rede sein.

Mehr Gluten im Essen

Immer häufiger wird Gluten jedoch Lebensmitteln als Zusatzstoff beigemengt. So taucht es etwa als „Vital-Gluten" in vielen Backmischungen auf. Auch in Fertigsaucen und Tütensuppen rangiert Gluten unter den Inhaltsstoffen. Hinzu kommt: **Während die Deutschen zunehmend weniger Roggen verzehren, greifen sie immer öfter zu Weißbrot.** In einer Scheibe Weißbrot steckt jedoch mehr Gluten als in der gleichen Menge Roggensauerteig- oder Vollkornbrot. Über unsere Nahrung nehmen wir also immer mehr Gluten zu uns.

Die neue Empfindlichkeit gegenüber Brot und Gebäck hat auch schon einen Namen: „Weizen- oder Glutenunverträglichkeit". Ob es sich dabei um eine echte Krankheit handelt, ist umstritten. Ähnlich wie bei Fruktose- oder Laktosintoleranz könnte es auch einfach ein physiologisches Stoppsignal unseres Körpers sein.

Jede Menge Fragezeichen

Unklar ist außerdem, ob tatsächlich das Gluten der Übeltäter ist – oder vielmehr bestimmte Abwehrstoffe (ATI), die Pflanzen gegen Schädlinge bilden. Diese Substanzen fachten zumindest in Tierversuchen Entzündungsreaktionen an. Allerdings kommen ATI in modernen Weizen- und Roggensorten auch nicht öfter vor als früher. Obendrein könnten sogenannte Fruktane im Korn unbekömmlich sein. Diese Mehrfachzucker sind jedoch auch in Obst, Gemüse, Süßstoffen und Milchprodukten enthalten.

Auf all das zu verzichten, wäre unklug, würde es doch auf Dauer zu einem Mangel führen. Es gibt jedoch Hinweise darauf, dass die heutige Turbo-Brot-Herstellung eine Rolle spielen könnte. Lässt man Hefe- oder Sauerteig dagegen Zeit zum Reifen, werden Gluten und Fruktane stark reduziert.

„Glutenfrei" liegt im Trend

Dennoch gilt Gluten einigen selbst ernannten „Experten" geradezu als Gift. So warnt der US-Kardiologe William Davis in seinem Buch „Weizenpampe – Warum Weizen dick und krank macht" davor, dass das allseits beliebte Getreide auch in seiner Vollkornvariante zu Übergewicht, Rheuma, Asthma, Multiple Sklerose und Schizophrenie führe.

David Perlmutter, ein US-Neurologe, sieht glutenhaltige Lebensmittel als größte Bedrohung für die Gesundheit. Rund ein Drittel der Amerikaner folgt solchen Warnungen und versucht, Gluten zu meiden – hierzulande ist es immerhin jeder Zehnte.

Die Angst vor Gluten kurbelt vor allem die Verkaufszahlen glutenfreier Produkte an. Blendend verkaufen sich auch Bücher und Zeitschriften, die ein Leben ohne Weizen und Gluten propagieren.

Glutenfrei nur bei Zöliakie

Doch profitieren Menschen tatsächlich von einer glutenfreien Diät? Nein, meinen Experten. Das gelte nur für Menschen mit Zöliakie – einer schweren Autoimmunkrankheit, bei der die Darmzotten durch Entzündungsprozesse regelrecht abrasiert werden. In Deutschland sind rund 0,3 bis 0,5 Prozent der Bevölkerung von Zöliakie betroffen – inklusive Dunkelziffer etwa ein Prozent.

Auch bei einer Weizenallergie stehen Brot und Weißbier auf dem Index. Rund einer von 1000 Deutschen leidet darunter. Wer keine Zöliakie oder Weizenallergie hat, dem könnte eine glutenfreie Kost nach Ansicht von Harvard-Wissenschaftlern sogar schaden. Schließlich führt sie zu einem geringeren Verzehr an Ballaststoffen, die vor Herzkreislauferkrankungen schützen (siehe S. 112/113).

TIPP: Was Betroffene tun können

Wer Brot nicht gut verträgt, sollte es dennoch nicht komplett vom Speiseplan verbannen. Dazu ist es zu wertvoll: Es liefert nicht nur Energie und Ballaststoffe, sondern auch Eiweiß, B-Vitamine, Magnesium, Kalium, Zink und Eisen.

Für glutenfreie Produkte besteht kein Bedarf. Oft handelt es sich um Junk-Food: Aus Geschmacksgründen werden häufig Zucker oder Fett beigemengt. Im Schnitt sind sie auch teurer. Viel besser ist es:

- statt Weißbrot konsequent Vollkorn- und Sauerteigbrot zu bevorzugen,
- nicht morgens, mittags und abends Brot zu essen, sondern einmal zu verzichten,
- in Fertigprodukten auf zugesetztes Gluten zu achten und diese zu meiden,
- bei gravierenden Symptomen den Arzt testen zu lassen, ob eine Zöliakie oder Weizenallergie die Ursache dafür ist.

GLUTENFREI?

REIS GILT ALS GESUND. Menschen, die glutenhaltiges Getreide meiden, verzehren deshalb oft große Mengen Reis – als Beilage oder in Form von Waffeln. Auch glutenfreiem Gebäck wird häufig Reis zugesetzt. Abgesehen davon, dass er arm an Ballaststoffen ist – in Reis findet sich vermehrt Quecksilber. Vor allem in Reisprodukten steckt zudem krebserregendes Arsen, das aus Kunstdüngern und dem Boden stammt. Je nach Sorte gibt es jedoch Unterschiede: Am wenigsten Arsen steckt in Basmati-Reis, am meisten in Natur- und Parboiled-Reis.

ARSENFREI!

IM GEGENSATZ ZU REIS enthalten Vollkornnudeln kaum Arsen. Sie liefern zudem dreimal so viele Ballaststoffe wie helle Nudeln, dazu diverse Mineralstoffe. Denn: Sie werden aus Vollkornmehl oder -grieß hergestellt. Neben Weizen- werden auch Hirse-, Dinkel- oder Quinoa-Nudeln in der Vollkornvariante angeboten. Vorteil: Vollkorn hält länger satt, bringt die Verdauung in Schwung und schützt vor Diabetes. Natürlich heißt das nicht, dass Vollkornpasta täglich auf den Tisch kommen sollte. Wie immer ist auch hier Abwechslung oberstes Gebot.

Linsen, Bohnen, Erbsen und Lupinen – so heißen die neuen Stars der Ernährungswissenschaft. Gründe für ihre Popularität: Hülsenfrüchte liefern viel pflanzliches Eiweiß, Vitamine und Mineralstoffe, dazu sekundäre Pflanzen- und Ballaststoffe. Unangenehme Nebenwirkungen? Sind kein Grund für Verzicht: Mit ein paar Tricks werden Erbse, Bohne & Co. besser verträglich.

HÜLSEN-
FRÜCHTE

INTERESSIERT NICHT DIE BOHNE? SOLLTE ES!

Hülsenfrüchte sind die neuen Lieblinge der Ernährungswissenschaft. Hinweise mehren sich, dass Fans von Bohnen, Erbsen und Linsen seltener an Diabetes und Herzleiden erkranken. Neben den B-Vitaminen B_1, B_6 und Folat sowie sekundären Pflanzenstoffen und Mineralstoffen wie Kalium, Kalzium, Magnesium, Eisen und Zink, verfügen sie über einen hohen Ballaststoffanteil von bis zu 20 Prozent. Hülsenfrüchte liefern also reichlich Futter für die Darmbakterien. Zudem sind sie proteinreich und kalorienarm, senken deshalb Blutzucker, Cholesterin und Blutdruck. Da sie jedoch eine Reihe unbekömmlicher und sogar giftiger Stoffe enthalten können, ist bei Ihrer Zubereitung einiges zu beachten.

Rohe Bohnen sind meist giftig

Frisch in der Schote gibt es bei uns nur Erbsen (Juni bis September). Die Schote mitessen kann man jedoch nur bei den süßlichen Zuckererbsen. Ansonsten werden Hülsenfrüchte getrocknet oder vorgekocht in der Konserve, manchmal auch tiefgekühlt angeboten. Zwar enthalten sie giftige Lektine und Enzyminhibitoren, diese lassen sich jedoch durch Einweichen und Kochen reduzieren. Hülsenfrüchte sollten deshalb nicht roh oder halbgar gegessen werden. Ausnahmen sind junge Erbsen und Ackerbohnen sowie Süßlupinen. Diese bilden nahezu keine toxischen Stoffe.

Extra-Tipp: Manche Sorten, zum Beispiel Lima- und Urdbohnen, enthalten zusätzlich Blausäure. Wer sie zubereitet, sollte sowohl Einweich- als auch Kochwasser unbedingt wegschütten.

Böhnchen ohne Tönchen

Beim Einweichen werden Zellwände aufgeweicht und Enzyme aktiviert – dabei gehen auch schwer verdauliche Ballaststoffe wie Stachyose verloren. Einige Sorten sollten deshalb vor dem Verarbeiten mindestens zwölf Stunden in reichlich Wasser quellen. Vor dem Kochen empfiehlt es sich, das Einweichwasser wegzuschütten und die Hülsenfrüchte in einem Sieb nochmals gründlich durchzuspülen. Auch ins Kochwasser gehen noch blähende Inhaltsstoffe über. Wer das Wasser deshalb abgießt und die Hülsenfrüchte zudem nachquellen lässt, steigert abermals deren Bekömmlichkeit. Auch Pürieren ist hilfreich.

Gewürze helfen

Salz im Kochwasser von Hülsenfrüchten lockert deren Zellstrukturen auf. Entgegen der landläufigen Meinung kann Salz also zu Beginn des Garprozesses zugegeben werden. Auch eine gute Prise bis maximal ein Teelöffel Natron (bei kalkhaltigem Wasser) oder ein Stück Kombu-Alge machen Bohnen & Co. besser verdaulich und verkürzen die Kochzeit. Kümmel, Lorbeer, Majoran oder Anis vermindern ebenso Blähungen. Abgesehen von Kümmel sollten diese jedoch – wie Säurehaltiges, etwa Essig, Zitrone oder Tomaten – erst am Ende zugesetzt werden.

Extra-Tipp: Wer Hülsenfrüchte regelmäßig in kleinen Mengen isst, wird seltener von Blähungen geplagt.

Nicht in großen Mengen

Da Hülsenfrüchte große Mengen an Purinen enthalten, die in Harnsäure umgebaut werden und zum Entstehen von Gicht beitragen können, sollten auch Gesunde Linsen, Bohnen und Erbsen in Maßen essen.

Nährwerträuber Phytinsäure?

Wie Vollkorngetreide liefern auch Hülsenfrüchte Phytinsäure. Diese bindet Mineralstoffe wie Eisen und Kalzium und entzieht es dadurch dem Körper teilweise. Allerdings ist der Gehalt an Mineralstoffen so hoch, dass Verluste nicht dramatisch sind. Zudem verringern traditionelle Zubereitungsmethoden wie Wässern, Schälen, Fermentieren, Rösten und Keimen den Gehalt an Phytinsäure. Die Substanz ganz zu eliminieren wäre nicht ratsam – schließlich werden ihr auch gesundheitliche Wirkungen zugesprochen. So konnte im Tierversuch gezeigt werden, dass Phytinsäure freie Sauerstoffradikale unschädlich machen kann und damit womöglich Dickdarmkrebs vorbeugt. Gleichzeitig senkt sie sowohl Cholesterin- als auch Blutzuckerspiegel.

Einweich- und Garzeiten

Hülsenfrucht	Einweichen	Garzeit
Geschälte Erbsen und Linsen	muss nicht	20–40 Min.
Kichererbsen	über Nacht	1,5 Std.
Kidneybohnen	über Nacht	45–60 Min.
Limabohnen	über Nacht	2–2,5 Std.
Mungobohnen	muss nicht	1 Std.
Weiße Bohnen	über Nacht	1 Std.

Quelle: aid/Ernährungsberatung RLP

Konserve ist erlaubt!

Die meisten Inhaltsstoffe sind nicht hitzeempfindlich. Deshalb sind Hülsenfrüchte aus der Konserve nährwerttechnisch genauso gut wie getrocknete Varianten. Man sollte nur das Einweichwasser entsorgen, da es Bitterstoffe enthalten kann.

Eine Ausnahme bilden grüne Erbsen und grüne Bohnen: Sie liefern frisch oder tiefgekühlt mehr Vitamine.

IN HÜLLE UND FÜLLE!

FÜR DEN Protein-kick

HÜLSENFRÜCHTE BIETEN EINE ERSTAUNLICHE VIELFALT. Weltweit werden ca. 700 Bohnen-, 250 Erbsen- und 70 Linsensorten angebaut.

Ackerbohnen

Ackerbohnen, auch „dicke Bohnen" oder „Saubohnen" genannt, schmecken zart und süßlich und liefern viel Folat.

Adzukibohnen

Stammen aus Japan, schmecken herzhaft und enthalten viele Ballaststoffe sowie viel Zink und Kalium.

Erbsen

Erbsen liefern viel Lysin, einen essenziellen Eiweißbaustein, der etwa in Getreide Mangelware ist.

Grüne Bohnen

Liefern sekundäre Pflanzenstoffe wie Flavonoide. Nicht als Sprossen oder roh verzehren!

Kichererbsen

Enthalten viele gesunde Fettsäuren, Kalzium, Vitamin K und Folat. Nussiges Aroma.

Kidneybohnen

Sollten gut eingeweicht und gekocht werden. Viele Ballaststoffe, Eiweiß, Kalium.

VOR ALLEM SOJABOHNEN gelten als unglaublich gesund. Sie sind nicht nur wahre Eiweißbomben, es gibt auch Hinweise darauf, dass die Bohnen in einigen asiatischen Ländern für die niedrigen Raten an bestimmten Krebsarten, Herzleiden, Osteoporose und Wechseljahresbeschwerden sorgen. Dafür verantwortlich sein sollen vor allem sogenannte Phytoöstrogene, die das LDL-Cholesterin senken und im Tierversuch gegen Tumorzellen wirken. In großen Mengen verzehrt können Sojabohnen jedoch Probleme bereiten, etwa Allergien und Gicht auslösen. Auch Brustkrebspatientinnen sollten nicht täglich Sojaprodukte essen. Wie immer gilt also auch hier: Immer schön abwechseln!

■ Gesunde Keimlinge: Bohnenkeime enthalten zwar mehr Vitamine als die Bohnen selbst – doch nicht mehr als andere Gemüsesorten auch. Wunder sollte man von ihnen also nicht erwarten. Aus den meisten Hülsenfrüchten lassen sich Sprossen ziehen. Wichtig: Bohnensprossen kurz blanchieren, da in ihnen giftige Stoffe vorkommen können.

VORHANG AUF FÜR BOHNE…

ARME-LEUTE-ESSEN? VON WEGEN! In Salaten, auf Burgern oder in Suppen kommen Bohnen ganz groß raus – als Hauptdarsteller einer modernen und leichten Küche.

Kurkuma

Kurkuma erlebt derzeit einen Hype – es soll Entzündungen eindämmen und Schmerzen, etwa bei Arthrose, lindern. Dass Belege noch fehlen, ändert daran wenig.

Weiße Bohnen

Weiße Bohnen enthalten wie alle Hülsenfrüchte Bitterstoffe, die im Magen-Darm-Trakt Cholesterin und Gallensäuren binden. Folge: Der Cholesterinspiegel sinkt.

PFANNEN-RATATOUILLE MIT THYMIAN-GREMOLATA

Für 2 Portionen:
1 Paprikaschote
1 kleine Aubergine
1 Zucchini
1 Zwiebel
1 Dose weiße Bohnen (265 g Abtropfgewicht)
1 Bio-Zitrone
1 Knoblauchzehe
2–3 Stängel Thymian
2 EL Oliven- oder Rapsöl
100 ml Gemüsebrühe
Salz, Pfeffer
50 g schwarze Oliven

Pro Portion: 363 kcal, 16 g F, 32 g KH, 11 g B, 16 g E

1 Das Gemüse waschen, putzen und in gleich große Würfel schneiden. Die Bohnen in ein Sieb geben, abspülen und abtropfen lassen. Die Zitrone waschen, trocknen und die Schale abreiben. Die Knoblauchzehe schälen und fein hacken, den Thymian waschen, trocken schütteln und die Blättchen abzupfen.
2 Das Öl in einer beschichteten Pfanne oder einem Wok erhitzen und das Gemüse darin etwa 5 Minuten unter Wenden bei mittlerer Hitze braten. Bohnen und Gemüsebrühe zugeben und zugedeckt weitere 5 Minuten garen. Mit Salz und Pfeffer abschmecken. Die Oliven unterheben und das Gemüse auf zwei Tellern verteilen.
3 Knoblauch, Zitronenabrieb und Thymian mischen und über die Ratatouille streuen.

LINSEN-BURGER

Für 4 Bratlinge:
1 Zwiebel
1 Knoblauchzehe
2 EL Öl
100 g rote Linsen
Salz, Pfeffer
½ TL Kurkuma
1 EL Haselnüsse
½ Bund Petersilie
4 EL Haferflocken
2 EL Naturjoghurt

Pro Stück: 203 kcal, 9 g F, 19 g KH, 6 g B, 8 g E

1 Zwiebel und Knoblauchzehe schälen, fein würfeln und in 1 EL Öl glasig dünsten. Linsen, Salz, Pfeffer, Kurkuma und 200 ml Wasser zugeben, aufkochen und bei geringer Hitze 10 bis 12 Minuten zugedeckt köcheln. Die Linsen sollten die Flüssigkeit dann vollständig aufgenommen haben. Die Linsen in eine Schüssel geben und abkühlen lassen.
2 Die Haselnüsse hacken, die Petersilie waschen, trockenschütteln und fein schneiden. Nüsse, Petersilie, Haferflocken und Joghurt zu den Linsen geben und unterrühren. Einige Minuten quellen lassen, eventuell nachwürzen und zu vier Bratlingen formen. Im restlichen Öl von jeder Seite 5 Minuten braten.

Tipp: Bratlinge mit Salat, Tomaten, Zwiebelringen, Senf und Ketchup zum Lieblingsburger stapeln oder wie Buletten mit Gemüse oder Salat servieren.

... LINSE UND ERBSE

WIE ALLE HÜLSENFRÜCHTE liefern sie Eiweiß und Ballaststoffe – aber nur wenige Kalorien. Ihre Nährstoffe helfen vermutlich gegen diverse Volksleiden.

Radicchio
Bitterstoffe machen ihn so gesund. Wer es etwas weniger bitter mag, schneidet die Blattrippen heraus.

Kichererbsen
Manche Menschen sagen, selbst zubereitete Kichererbsen besäßen ein feineres Aroma als Erbsen aus der Dose. Käme auf einen Test an.

LAUWARMER NUDELSALAT MIT RADICCHIO

Für 2 Portionen
100 g Linsen (z. B. Belugalinsen)
Salz, Pfeffer
100 g kurze Nudeln
1 Paprikaschote
½ Kopf Radicchio
½ Bund Rucola
3–4 EL Olivenöl
1 Zitrone

Pro Portion: 502 kcal, 17 g F, 59 g KH, 14 g B, 19 g E

1 Die Linsen in kochendem Wasser 20 bis 25 Minuten bissfest kochen. 5 Minuten vor Ende der Garzeit ½ Teelöffel Salz zum Kochwasser geben. Die Linsen in ein Sieb schütten und abtropfen lassen. Gleichzeitig die Nudeln in Salzwasser bissfest garen und ebenfalls abtropfen lassen.
2 Paprikaschote waschen, trocken reiben und putzen. Das Fruchtfleisch fein würfeln. Den Radicchio waschen, trocken schütteln und in Streifen schneiden. Rucola waschen und trocken schütteln.
3 1 Esslöffel Öl in einer beschichteten Pfanne erhitzen, die Paprikawürfel darin 3 Minuten anbraten. Nudeln, Radicchio und Linsen zugeben, kurz unterheben. Mit dem restlichen Olivenöl, Zitronensaft, Salz und Pfeffer abschmecken. Rucola auf Tellern verteilen, den Nudelsalat darauf anrichten.

Tipp: **Der Salat eignet sich perfekt zur Verwertung kleinerer Nudelreste.**

RADIESCHENBLÄTTERCREMESUPPE MIT KNUSPRIGEN KICHERERBSEN

Für 2 Portionen
Blätter von 1 Bund Radieschen (ca. 100 g)
1 Dose Kichererbsen (265 g Abtropfgewicht)
600 ml Gemüsebrühe
1 EL Rapsöl
Salz, Pfeffer
1 TL Paprikapulver
2 EL Frischkäse
1–2 EL Zitronensaft
1 Beet violette Kresse

Pro Portion: 322 kcal, 15 g F, 26 g KH, 7 g B, 14 g E

1 Die Radieschenblätter gut waschen und grob schneiden. Die Kichererbsen in einem Sieb gut abtropfen lassen. Radieschenblätter und die Hälfte der Kichererbsen in einem Topf mit der Gemüsebrühe aufkochen und zugedeckt 15 Minuten bei milder Hitze köcheln.
2 Die restlichen Kichererbsen mit Haushaltspapier trocken tupfen. Das Öl in einer beschichteten Pfanne erhitzen und die Kichererbsen darin ca. 10 Minuten knusprig braten. Mit Salz, Pfeffer und Paprikapulver würzen.
3 Frischkäse zur Suppe geben und alles mit dem Schneidstab fein pürieren. Mit Salz, Pfeffer, Muskatnuss und Zitronensaft abschmecken. Die Suppe mit den knusprigen Kichererbsen und mit gehackter Kresse bestreut servieren.

TIERISCH STARK?

NUR TIERISCHES EIWEISS IST WERTVOLL für den Körper – hartnäckig hält sich dieser Irrglaube. Dagegen sei Eiweiß aus Pflanzen minderwertig, eine vegetarische Ernährung deshalb proteinarm und für Freizeitsportler wenig geeignet. Zwar ist richtig, dass tierisches Eiweiß eine höhere biologische Wertigkeit hat. Diese sagt etwas über den Gehalt an wichtigen Aminosäuren – den Proteinbausteinen – aus. Schlicht falsch ist jedoch die Behauptung, eine vegetarische Ernährung liefere nicht genug Eiweiß und unentbehrliche Aminosäuren.

PFLANZLICH GUT!

VIELE PFLANZLICHE LEBENSMITTEL enthalten sehr viel Eiweiß. Dazu zählen Hülsenfrüchte, Weizenkeime, Haferflocken, Hirse und Seitan, Nüsse und Samen. Einige Pflanzen liefern sogar Eiweiß in Top-Qualität. So hat etwa das Eiweiß in Kartoffeln, Soja, Reis, Bohnen aber auch in Quinoa und Amaranth eine hohe biologische Wertigkeit. Zudem lässt sich durch die Kombination verschiedener Proteinquellen die Qualität erheblich steigern. So ergeben Bohnen mit Mais eine ideale Mischung, dasselbe gilt für Linseneintopf mit Brot sowie Reis mit Tofu.

POWERPULVER?

DAS ARSENAL AN SPORTLERNAHRUNG ist riesig: Proteinpulver mit bestimmten Aminosäuren, Energieriegel, Iso-Drinks und spezielle Zusatzstoffe wie Carnitin, Kreatin, Taurin und Lezithin. Alle diese Substanzen steigern angeblich das Leistungsvermögen, Carnitin soll obendrein die Fettverbrennung ankurbeln. Für all das gibt es jedoch keine Beweise. Hoch dosiert können einige Präparate sogar negative Folgen haben. Auch der Fatburner-Effekt wäre schnell dahin, wenn man zu einem Energieriegel greift: In vielen stecken jede Menge Fett und Zucker.

SPORTLERSNACK!

FREIZEITSPORTLER BRAUCHEN KEINE spezielle Sportlernahrung – auch nicht zum Muskelaufbau. Laut Deutscher Gesellschaft für Ernährung (DGE) liefert eine ausgewogene und vollwertige Ernährung alle nötigen Nährstoffe. Wer sich körperlich anstrengt, sollte reichlich Kohlenhydrate – etwa aus Bananen – aufnehmen, da sie schnell Energie liefern. Wichtig sind auch B-Vitamine (u. a. in Fleisch, Fisch und Vollkornbrot), die Vitamine C, E und Beta-Karotin sowie Eisen, Kalzium, Jod und Magnesium (u.a. in Schnittkäse, Trockenobst und Sonnenblumenkernen).

WARENKUNDE FLEISCHERSATZ

Rund 40 Prozent der deutschen Haushalte verzichten hin und wieder auf Fleisch. Dafür gibt es neben gesundheitlichen auch ökologische und ethische Gründe. Der Verzicht lässt sich sogar abfedern: Das Angebot an Fleischersatzprodukten ist riesig. Aktuelle Studien bescheinigen Fleischersatzprodukten insgesamt eine hohe Eiweißqualität. Dagegen sind einige Produkte mit Fett, Salz und Zusatzstoffen und „natürlichen" Geschmacksverstärkern wie etwa Hefeextrakt überfrachtet. Zum Teil wurden auch Mineralölrückstände gefunden. Ein moderater Verzehr im Rahmen einer abwechslungsreichen Ernährung stellt aber kein Problem dar.

Tofu und Tempeh

Tofu ist eine Art Sojaquark. Als natürliche Gerinnungsmittel werden ihm Kalziumsulfat oder Nigari zugesetzt. 100 Gramm Tofu enthalten 8 Gramm hochwertiges Eiweiß und viel Eisen. Er liefert sekundäre Pflanzenstoffe und ist weniger blähend als Sojabohnen. Um Tempeh herzustellen, fermentiert man die Sojabohnen mit einem Schimmelpilz. So entsteht eine feste Masse, in der die einzelnen Bohnen noch zu erkennen sind. Tempeh weist einen höheren Proteingehalt als Tofu auf und ist noch besser verdaulich.

Gute Variante: Tofu aus Lupinen ist ebenfalls eine gute Eiweißquelle und enthält wertvolle Proteinbausteine.

Seitan & Wheaty

Für Seitan wird Gluten aus Weizenmehl extrahiert. Die zähe Masse wird mit Sojasauce und Algen gekocht, wodurch sie ihre Würze erhält. Seitan ist mit 25 Prozent sehr eiweißreich, aber fettarm und leicht verdaulich. Gebraten schmeckt Seitan würzig und fleischartig. Bei der Herstellung gehen jedoch einige Mineralstoffe und Vitamine verloren. Seitan ist auch die Basis für die noch stärker verarbeiteten Wheaty-Produkte vom Hersteller Topas.

Nicht bei Zöliakie: Die Produkte sind nichts für Menschen, die wegen einer Zöliakie eine strenge glutenfreie Diät einhalten müssen. Auch Weizenallergiker müssen verzichten.

Quorn

Die Basis für Quorn ist ein Schlauchpilz (Fusarium venenatum). Dieser wächst ein paar Tage in einem Nährmedium heran, wird dann gewaschen und erhitzt, mit Vitaminen und Mineralstoffen angereichert und mit Eiweiß gebunden. Zum Schluss wird die nun schnittfeste Masse gewürzt, und – mit Aromen und Farbstoffen versetzt – als Wurst, Schnitzel oder Fleischersatz verkauft. Quorn liefert rund 15 Prozent Eiweiß, ist gleichzeitig arm an Fett und Kohlenhydraten. Wegen seiner aufwendigen Herstellung gilt Quorn als hoch verarbeitetes Lebensmittel.

Nichts für Veganer: Da ihm Ei zugesetzt wird, ist Quorn nicht rein pflanzlich.

Valess

Ausgangsstoff für Valess ist Milch. Zu dieser werden Pflanzenfasern, Mehl, Stärke, Weizeneiweiß, pflanzliches Öl, Verdickungsmittel, Gewürze, Aromen, Kalzium, Eisen und Vitamine gemengt. So lässt sich eine fleischähnliche Konsistenz erzielen. Kritiker bezeichnen Valess darum auch als „Kunstprodukt". Die Eiweißqualität von Valess ist vergleichbar mit der von Fleisch, allerdings ist die Eiweißmenge geringer. Dafür ist das Ersatzprodukt fettärmer und ballaststoffreicher als das Original.

Vorsicht, Milch: Valess-Produkte sind nicht für Menschen mit Kuhmilchallergie, Laktoseintoleranz sowie Veganer geeignet.

Vegane und vegetarische Fleisch- und Wurstprodukte

Als Basis dienen oft Texturiertes Sojaprotein (TVP), Weizengluten, Erbsenprotein, Quorn oder Hühnereiweiß. Teilweise werden auch das umstrittene Palmöl sowie Farbstoffe und Geschmacksverstärker beigemengt. Von Leberwurst bis Schnitzel sind alle möglichen Varianten erhältlich. Vor allem Sojaprodukte punkten mit hoher Eiweißqualität und liefern meist weniger Kalorien und Fett als die Originale. Auf der anderen Seite sind manche Produkte sehr salzhaltig.

Geschmackssache: Manche Sorten schmecken tatsächlich nach Schnitzel oder Wurst – andere wiederum überhaupt nicht.

WARENKUNDE MILCHERSATZ

Kuhmilch ist reich an Eiweiß, liefert Kalzium, Jod, Vitamin B_{12} sowie Riboflavin (B_2). Zudem enthält Milch Vitamin D – wenn auch wenig. Substanzen wie das Wachstumshormon IGF-1 könnten jedoch auch schaden. Zudem kann Milcheiweiß Allergien und Milchzucker (Laktose) Unverträglichkeiten auslösen. Auf beide Inhaltsstoffe verzichten pflanzliche Alternativen. Deshalb steigt die Nachfrage. Allerdings ist die Nährstoffqualität der Pflanzendrinks eher mau: kaum Eiweiß (außer bei Sojaprodukten), einige Mineralstoffe und Vitamine fehlen – es sei denn, sie werden zugesetzt. Zudem sind die Produkte stark verarbeitet, homogenisiert und ultrahocherhitzt.

Hafer- und Reisdrinks

Das gemahlene Getreide wird mit Wasser gekocht und danach mit Enzymen versetzt, die Stärke zu Zucker abbauen. So wird die Flüssigkeit sämig und süßlich. Zuletzt kommen Pflanzenöl und manchmal Emulgatoren dazu. Fett- und Eiweißgehalt von Getreidedrinks sind sehr gering und der glykämische Index, etwa bei Reisdrinks, recht hoch. Das kann in Mengen den Zuckerstoffwechsel durcheinanderbringen. In Haferdrinks kommt der Ballaststoff Beta-Glukan vor, dem herzschützende Wirkung nachgesagt wird.

Cappuccino-Test: Je nach Sorte lassen sich Getreidedrinks aufschäumen. Sie schmecken getreidig-süß.

Mandel- und Haselnussdrinks

Geröstete Nüsse oder Mandeln werden in heißem Wasser eingeweicht und die abgesetzte Flüssigkeit als „Milch" abgefiltert. Manchmal wird der Drink mit Maltodextrin oder Stärke sämig gemacht. Nussmilchgetränke liefern weniger Proteine und Kohlenhydrate als Kuhmilch. Ihr Fettgehalt liegt bei 3 bis 4 Prozent, was dem der Kuhmilch nahe kommt. Allerdings stecken in Nussdrinks mehr ungesättigte Omega-3-Fettsäuren. Sie liefern zudem von Natur aus Vitamin E.

Cappuccino-Test: Nussdrinks lassen sich unterschiedlich gut aufschäumen. Sie liefern eine nussig-süße Geschmacksnote.

Soja- und Lupinendrinks

Sojadrinks liefern so viele Proteine wie Kuhmilch. Diese haben zudem eine gute Qualität. Dafür stecken weniger Fett und Kohlenhydrate drin. Auch Eisen, das in Kuhmilch praktisch nicht vorkommt, findet sich in Sojadrinks. Manche Milchallergiker vertragen allerdings auch Soja nicht. Ob Phytoöstrogene aus Soja gesund sind, ist unklar. Manche Lupinendrinks entsprechen sensorisch weitgehend Kuhmilch. Auch ihr Eiweißgehalt ist mit rund 2,3 Prozent ähnlich. Sie liefern viel Lysin, einen unentbehrlichen Eiweißbaustein.

Cappuccino-Test: Sojadrinks lassen sich aufschäumen, sind bräunlich und schmecken bitter.

Pflanzencreme

Die Basis für pflanzlichen Sahneersatz bilden Soja, Hafer oder einfach gehärtetes Pflanzenfett. Je nach Hersteller kann die Zutatenliste sehr lang sein. Darunter befinden sich oft Palmöl, Zucker (Maltodextrin etc.), aber auch bedenkliche Zusatzstoffe wie Polysorbat 60, Natriumphosphate oder das Verdickungsmittel Carrageen. Bio-Produkte sind daher besser! Die Ersatzprodukte liefern weniger Fett als das Original. Sojacreme enthält zudem etwas mehr als die Hälfte gesunde, mehrfach ungesättigte Fettsäuren.

Verwendung: Sojacreme kann erhitzt werden. Zum Schlagen sind nur bestimmte Sorten geeignet.

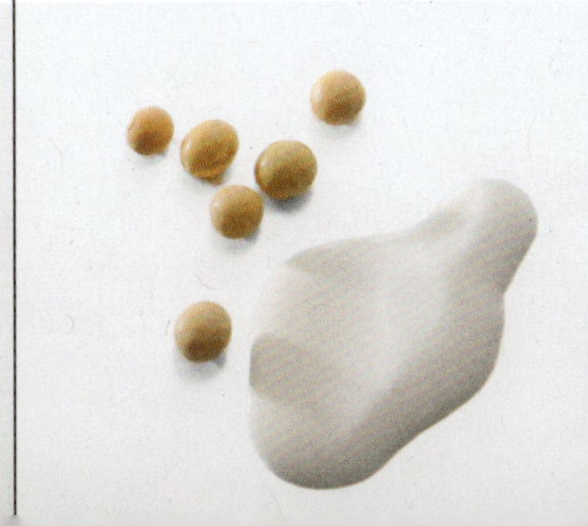

Veganer Käse- und Joghurtersatz

Veganer „Käse“ basiert meist auf Kokosöl, Mandeln oder Lupinen. Als Zusatzstoffe sind häufig zu finden: modifizierte Stärke, Zitronen- und Sorbinsäure sowie Kaliumsorbat, um nur einige zu nennen. Es ist ratsam, zu Bioprodukten zu greifen, weil für diese weniger Zusatzstoffe zugelassen sind. Joghurt-Imitate entstehen durch Zugabe von Milchsäurebakterien zu Soja-, Lupinen- oder Kokosmilch. Ein Blick auf die Zutatenliste zeigt, ob Zusatzstoffe zum Einsatz kamen.

Geschmack: Vor allem veganer Käseersatz kann geschmacklich nicht überzeugen. Man kann ihn jedoch leicht selber machen.

FLEISCHLOS GLÜCKLICH

Bereits der antike Gelehrte Pythagoras lebte vegetarisch. Er glaubte, das Töten und Essen von Tieren mache aggressiv und sei der Grund für Kriege. In Deutschland wurde im Jahr 1867 die erste vegetarische Vereinigung gegründet. Fleischloses galt dennoch lange als Armen- und Fastenkost.

Heute ist Vegetarismus ein Trend. Seit 1988 sinkt der Fleischverzehr kontinuierlich. Damals kamen pro Kopf und Jahr noch ganze 70 Kilogramm Fleisch und Wurst auf den Teller, heute sind es nur noch knapp 60.

In Supermärkten und Restaurants steigt das Angebot an fleischlosen Alternativen – vegetarische Kochbücher schaffen es auf Bestsellerlisten. Immer mehr Prominente outen sich als Vegetarier oder Veganer. Kurzum: Fleischlos glückliche Menschen sind in der Mitte der Gesellschaft angelangt.

Andere Quellen, andere Zahlen

Ungewiss ist, wie viele Menschen tatsächlich weder Fleisch noch Fisch essen. Die Zahlen schwanken zwischen 1,6 Prozent (Nationale Verzehrsstudie) und 10 Prozent (Vegetarierbund) der Bevölkerung. Rund ein Prozent sollen Veganer sein, die neben Fleisch und Fisch auf Milch, Eier und Honig verzichten. Für eine pflanzlich basierte Kost entscheiden sich vor allem junge, gebildete Frauen in Städten. Hinzu kommen sogenannte Flexitarier – also Vegetarier, die nur ab und zu ein Stück Fleisch essen.

Tierwohl, Umwelt und Gesundheit

Viele Vegetarier wollen Tieren Leid ersparen. Anderen geht es vor allem um den Schutz der Umwelt – schließlich fordert die Fleischproduktion ökologisch einen hohen Tribut. Auch die eigene Gesundheit wird oft als Grund genannt. **Tatsächlich sind Vegetarier mit einigen Nährstoffen besser versorgt als Fleischesser.** Dazu zählen Magnesium, Vitamin C und E und Folat. Vegetarische Diäten sind zudem reicher an sekundären Pflanzenstoffen. Widerlegt ist zudem mittlerweile, dass Vegetarier zuwenig Eiweiß abbekämen. Das gilt vor allem für die sogenannte „ovo-lakto-vegetabile Ernährung“, bei der also auch Milch und Eier regelmäßig auf dem Speiseplan stehen.

Generell ausreichend versorgt

Dagegen sind in vegetarischer Kost Kalzium, Zink, Vitamin D eher rar – das geht jedoch vielen Fleischessern genauso. Meist handelt es sich auch nicht um einen echten Nährstoffmangel, sondern nur um eine geringe Unterversorgung. Tabletten zu schlucken ist also nicht nötig. Gleiches gilt für Eisen. In manchen Pflanzen steckt zwar viel davon, allerdings nimmt es der Körper nur durch Zugabe von Vitamin C gut auf. Vegetarier müssen deshalb genau auf diese Kombination achten. Diskutiert wird, ob eine leichte Unterversorgung mit Eisen nicht sogar gesundheitliche Vorteile hat. Generell lässt sich sagen, dass Vegetarier mit allen Nährstoffen gut versorgt sind. Für Veganer gilt das so pauschal nicht (siehe S. 168).

Phänomen „Puddingvegetarier"

Gefährdet sind auch „Puddingvegetarier". Dabei handelt es sich oft um Kinder und Jugendliche, die sich zwar vegetarisch, aber sehr einseitig ernähren. Viele essen kaum Obst und Gemüse, nehmen dafür Fertigprodukte, Süßwaren und Softdrinks zu sich – was sich in einem Mangel an Nährstoffen wie Zink niederschlägt. Auf diese Weise sorgen Puddingvegetarier indirekt dafür, dass viele Menschen Vegetarismus auch heute noch für ungesund halten.

Seltener herz- und zuckerkrank

Vegetarier sind im Vorteil, da sie weniger Kalorien zu sich nehmen. Allein das schützt sie vor Übergewicht, das als Risikofaktor für einige Krankheiten gilt. **Vermutlich aus diesem Grund leiden sie auch seltener unter Bluthochdruck und Herz-Kreislauf-Erkrankungen.** Allerdings sind auch beleibte Vegetarier seltener herzkrank. Schließlich haben Vegetarier ein geringeres Risiko, an Diabetes zu erkranken. Warum das so ist, ist noch ungewiss.

Weniger Beweise gibt es für die Behauptung, dass Pflanzenkost das Risiko für Krebs senkt. Möglicherweise kann eine vegetarische Ernährung die Entstehung von Prostatakrebs beeinflussen. Wer schlank ist, und das sind Vegetarier ja häufig, schützt sich allerdings auch in gewissem Maße vor weiteren Krebsarten wie Dickdarmkrebs.

Nicht untersucht ist, ob sich eine vegetarische Ernährung auf das Infektionsrisiko auswirkt. Allerdings verändert eine Kostumstellung die Darmflora. Das wiederum könnte auch das Immunsystem stärken.

Gesund leben – länger leben

Menschen mit moderatem Fleischkonsum, die gesund leben, haben eine ähnlich niedrige Sterberate wie Vegetarier. **Es geht also nicht nur um Fleischverzicht, sondern auch um ein Mehr an Gemüse, Obst und Vollkornprodukten.**

Weitere Gründe: Vegetarier in Deutschland trinken laut einer Studie des Robert-Koch-Instituts von 2016 weniger kalorienreduzierte und alkoholische Getränke, dafür mehr Tee. Insgesamt pflegen sie einen gesünderen Lebensstil: Sie rauchen seltener und bewegen sich mehr. Zudem sind rund zwei Drittel aller Vegetarier Frauen, gehen damit statistisch öfter zu Vorsorgeuntersuchungen. Und schließlich leben Frauen schon genetisch bedingt einfach länger.

HERZHAFT VEGETARISCH

FLEISCHLOS MACHT NICHT SATT? Käme auf einen Versuch an. Die neue grüne Küche bietet so vielfältige Gerichte, dass ein Verzicht nicht schwer fällt.

Spinat

In Spinat steckt zwar nicht ganz so viel Eisen wie früher angenommen. Immerhin sind es aber 3,4 Milligramm pro 100 Gramm – fast 30 Prozent der für einen Erwachsenen empfohlenen Tagesdosis. Das Blattgemüse enthält zudem reichlich Folat und Karotinoide.

ÜBERBACKENE SPINAT-RICOTTA-CRESPELLE

Für 3–4 Portionen:
120 g Mehl
150 ml Milch
3 Eier
Salz, Pfeffer, Muskatnuss
Butter oder Öl zum Ausbacken
2 Zwiebeln
2 Knoblauchzehen
500 g TK-Blattspinat (aufgetaut)
250 g Ricotta
1 Dose gehackte Tomaten
200 g saure Sahne
50 g geriebener Hartkäse (z. B. Grana Padano oder Parmigiano Reggiano)

Nährwerte pro Stück (bei 4 Portionen):
545 kcal, 33 g F, 33 g KH, 5 g B, 25 g E

1 Mehl, Milch, Eier und ½ Teelöffel Salz sehr gut verquirlen und 10 Minuten quellen lassen. Dann in einer beschichteten Pfanne in wenig Butter oder Öl nacheinander 6 bis 8 dünne Pfannkuchen ausbacken und beiseitestellen.

2 Den Backofen auf 200 °C vorheizen. Zwiebeln und Knoblauch schälen und würfeln. Wenig Fett in der beschichteten Pfanne erhitzen, Zwiebeln und Knoblauch darin glasig dünsten. Den Spinat in einem Sieb gut ausdrücken, mit Ricotta und Zwiebeln mischen, mit Salz, Pfeffer und Muskatnuss herzhaft abschmecken.

3 In einer Auflaufform die Tomaten und 100 ml Wasser mit Salz und Pfeffer würzen. Je 2 EL Füllung auf einen Pfannkuchen geben, aufrollen und mit der Nahtstelle nach unten in die Tomaten legen. Saure Sahne und Hartkäse miteinander verrühren und auf den Crespelle verteilen.

4 Im vorgeheizten Backofen 35 Minuten goldbraun überbacken.

Variante: Mit frischem Spinat geraten die Crespelle natürlich noch köstlicher. Wichtig ist in jedem Fall, dass der Spinat vor dem Zubereiten sehr gut ausgedrückt wird.

RAFFINIERT UND GESUND

AB SOFORT WENIGER FLEISCH ESSEN – das wollen immer mehr Menschen. Es muss ja nicht gleich ein Totalverzicht sein. Mit ein paar Tricks gelingen leckere Veggie-Gerichte.

Rucola

Wie alle Grüngemüse strotzt Rucola vor Gesundstoffen. Neben Vitamin C und Karotinoiden stecken in ihr beträchtliche Mengen an Folat, Kalium und Kalzium. Rucola ist jedoch auch nitratreich: Ob das ungesund ist – darüber streiten die Gelehrten noch.

CHAMPIGNON-BULETTEN

Für 2 Portionen:
400 g Champignons
1 große Zwiebel
½ Bund Petersilie
2 EL Öl
1 Ei
4–5 EL Semmelbrösel
Salz, Pfeffer
2 EL Sesamsamen

Pro Portion: 350 kcal, 21 g F, 20 g KH, 7 g B, 16 g E

1 Champignons putzen, mit Küchenpapier abreiben und den Stielansatz entfernen. Zwiebel schälen. Champignons und Zwiebel fein würfeln oder hacken. Petersilie waschen, trocken schütteln und die Blättchen fein hacken. 1 Esslöffel Öl in einer beschichteten Pfanne erhitzen, Champignon- und Zwiebelwürfel darin braten, bis keine Flüssigkeit mehr in der Pfanne ist.
2 Die Pilzmasse mit Ei, Semmelbröseln, gehackter Petersilie, Salz und Pfeffer zu einer geschmeidigen Masse verarbeiten. Aus der Pilzmasse 4 Buletten formen. Das restliche Öl in der Pfanne erhitzen, die Buletten im Sesam wenden und von jeder Seite 3 bis 4 Minuten knusprig braten.

Aufpeppen und variieren: Die Buletten eignen sich auch als Patty für Veggie-Burger. Wer mag, überbackt sie mit einer Scheibe Cheddar oder füllt die Pilzmasse mit einem Würfel Feta oder Blauschimmelkäse.

AUBERGINEN- UND ZUCCHINI-PICCATA

Für 2 Portionen:
1 Zucchini
1 Aubergine
Salz, Pfeffer
1 Handvoll feine Rucolablätter
1 Zwiebel
1 Knoblauchzehe
5 EL Olivenöl
1 Dose gehackte Tomaten
4 Stängel Oregano (oder ½ TL getrockneten)
Zucker
1 Ei
40 g fein geriebener Parmesan
6 EL Sahne
2 TL Mehl

Pro Portion: 545 kcal, 42 g F, 17 g KH, 6 g B, 8 g E

1 Zucchini und Aubergine waschen, trocken reiben, in Scheiben schneiden und von beiden Seiten salzen. Ca. 20 Minuten auf Küchenpapier ziehen lassen. Rucola waschen und trocken schütteln.
2 Zwiebel- und Knoblauchwürfel in 1 EL Olivenöl glasig dünsten, Tomaten und Oregano zugeben und 10 Minuten einkochen. Mit Salz, Pfeffer und Zucker würzen.
3 Ei, Parmesan, Sahne und Mehl verquirlen, mit Salz und Pfeffer würzen. Restliches Öl in einer beschichteten Pfanne erhitzen. Auberginen- und Zucchinischeiben trocken tupfen und mit zwei Gabeln durch die Eimasse ziehen. Im heißen Öl von jeder Seite 3 bis 4 Minuten braten, auf Küchenpapier abtropfen lassen. Mit der Tomatensauce servieren, Rucola darübergeben.

Tierische Lebensmittel sind in Verruf geraten. Ursache sind einerseits ethische Bedenken, schließlich werden die meisten Tiere nicht artgerecht gehalten. Zum anderen verschlingt die Herstellung von Fleisch, Fisch, Eiern und Milch erhebliche Mengen an natürlichen Ressourcen. Nur zum Teil stimmt dagegen die Behauptung, tierische Lebensmittel seien auch ungesund.

ALLES VOM TIER

HALB FETT?

LANGE JAHRE WAR FETTSPAREN oberstes Gebot. Schließlich liefert 1 Gramm Fett satte 9 Kilokalorien, während 1 Gramm Eiweiß oder Kohlenhydrate nur rund 4 Kilokalorien besitzen. Auch galten die gesättigten Fette aus der Milch als schlecht für die Gefäße. Tatsächlich besteht die Gefahr, durch ein Übermaß an fettreichen Produkten dick und krank zu werden. Die Deutsche Gesellschaft für Ernährung (DGE) empfahl deshalb bislang, Milch und Milchprodukte fettreduziert zu kaufen. Ziel: Leichter ab- oder – noch besser – gar nicht erst zuzunehmen.

VOLL LECKER!

VOLLMILCH IST AB SOFORT REHABILITIERT. Erst kürzlich strich die DGE ihre Empfehlung für fettarme Milch und Milchprodukte. Studien hatten zuvor ergeben, dass Menschen keine gesundheitlichen Schäden davontrugen, wenn sie auf fettreiche Varianten setzten. So wurden sie nicht häufiger herzkrank. Der Grund: Die gesättigten Fette aus der Milch erhöhen den Cholesterinspiegel im Blut gar nicht. Während Gesunde jetzt also Vollfettprodukten frönen dürfen, sollten Übergewichtige weiterhin auf fettarme Milch, Magerquark und Halbfettkäse setzen.

BUTTER ODER MARGARINE? BEIDES KANN GESUND SEIN!

Jahrelang galten Vollmilch, Vollmilchprodukte sowie Butter und Sahne als schädlich für die Gesundheit. Der Grund: Milchfett besteht zu zwei Dritteln aus gesättigten Fettsäuren. Diese standen im Verruf, den Pegel an LDL-Cholesterin zu erhöhen – jenem Cholesterin also, das in großen Mengen im Blut schwimmt und theoretisch das Risiko für Herzkrankheiten steigert. Auch in Butter steckt Cholesterin – ein weiterer Grund, diese als herzschädlich abzukanzeln.

Langzeitstudien und Studien, die sich detaillierter mit der Chemie der Fettsäuren befassten, kommen nun zu einem ganz anderen Schluss. So könnte Vollmilch das Risiko für Diabetes sowie das Metabolische Syndrom sogar reduzieren.

400 verschiedene Fettsäuren

Milchfett enthält etwa 400 verschiedene Fettsäuren. Rund 25 Prozent macht die gesunde, einfach ungesättigte Ölsäure aus. Sie senkt bewiesenermaßen Cholesterin- und Triglyzeridwerte im Blut. Die gesättigten Fettsäuren der Milch bestehen vor allem aus kurz- und mittelkettigen Fettsäuren. Sie gelten als leicht verdaulich und gut bekömmlich, weil sie bereits im Magen oder später über den Dünndarm schnell ins Blut gelangen. Zudem erhöhen kurz- und mittelkettige Fette im Gegensatz zu anderen gesättigten Fettsäuren offenbar nicht den Cholesterinspiegel im Blut.

Je mehr Gras und Heu Rinder fressen, desto mehr essenzielle Omega-3-Fettsäuren enthält ihre Milch (siehe S. 147). In Bio-Milch fanden Forscher teils doppelt so viele Omega-3-Fettsäuren, wie in konventionell erzeugter Milch. Zudem liefert Biomilch mehr konjugierte Linolsäuren (CLA), die wahrscheinlich das Immunsystem stärken und auch die Gefäße schützen.

Obendrein bilden Kühe beim Käuen von Gras mehr Phytansäure. Zumindest in Laborversuchen beeinflusste diese den Fett- und Zuckerstoffwechsel günstig.

Gute und schlechte Transfettsäuren

Im Pansen der Tiere entstehen zudem Transfettsäuren wie die Vaccensäure. Auch diese könnten gesund sein und beispielsweise das Herz schützen. Verwechseln darf man sie jedoch nicht mit den industriellen Transfettsäuren wie sie in Pommes frites, Croissants und einigen billigen Backwaren stecken. Industrielle Transfettsäuren steigern das Risiko für tödliche Herzleiden.

Bis Anfang der 2000er Jahre enthielten auch Margarineprodukte erhebliche Mengen an industriellen Transfettsäuren. Neue, schonende Härtungsverfahren sorgten dafür, dass das kaum noch vorkommt, wie Analysen der Stiftung Warentest belegen.

Margarine: Eine Frage der Qualität

Für eine bessere Konsistenz der Margarine wird das verwendete Öl heute teilweise mit gehärtetem Palm- oder Kokosfett vermischt. Da diese tropischen Fette hauptsächlich aus gesättigten Fettsäuren bestehen, enthalten einige Margarinesorten bis zu 46 Prozent gesättigtes Fett. Diese Fettsäuren sind obendrein zumeist langkettig und erhöhen den Cholesterinspiegel im Blut.

Derart minderwertige Margarine wird häufig auch in Backwaren verwendet, wie Analysen der Universität Jena belegen. Liefert eine Margarine dagegen viel Raps-, Sonnenblumen- oder Leinöl und damit viele ungesättigte Fettsäuren, ist das in jedem Fall gut, weil diese den Cholesterinspiegel senken. Die DGE rät Personen mit hohem Cholesterinspiegel daher, statt Butter Margarine mit vielen ungesättigten Fettsäuren zu verwenden. Margarine hat zusätzlich den Vorteil, dass in ihr mehr Vitamin E steckt. Vitamin A und D sind in manchen Produkten zugesetzt.

Dennoch handelt es sich bei Margarine um ein künstlich hergestelltes Produkt, das neben Aromen und Salz diverse Zusatzstoffe enthält. Bei der Raffination können auch Schadstoffe wie Glycidyl-Fettsäureester entstehen, wie die Stiftung Warentest herausfand. In ihrem Gesamtfett- und Kaloriengehalt unterscheiden sich Vollfettmargarine und Butter jedoch nicht.

Mischprodukte als Kompromiss

Der Handel bietet mittlerweile zahlreiche Alternativen zu Streichfetten an. Die Palette reicht von Halbfettbutter bis zu Mischprodukten, die aus Butter, Rahm und Joghurt sowie Rapsöl oder Pflanzenfett bestehen. Meist, aber nicht immer sind diese auch zum Backen und Braten geeignet.

Zum Kuchenbacken kann man sowohl Butter als auch Margarine verwenden. Zum Braten ist jedoch Margarine besser, weil Butter leichter verbrennt. Wer Öl mit Butter in der Pfanne mischt, kann das Gemisch höher erhitzen. Noch heißer kann man mit Butterschmalz braten. Bei dessen Herstellung wird geschmolzener Butter Milcheiweiß, Wasser und Milchzucker entzogen.

Ähnlich, jedoch schonender, wird Ghee hergestellt, das in der ayurvedischen Küche als das beste Fett gilt. Raffiniertes Palmfett oder Kokosfett eignet sich ebenfalls gut zum Anbraten und Frittieren, ist aber weder aus gesundheitlichen noch aus ökologischen Gründen empfehlenswert.

FUNCTIONAL FOOD? REINE GELDVERSCHWENDUNG!

„Besseresser" wünschen sich heute vor allem natürliche Lebensmittel, die einen Zusatznutzen bieten. Bestes Beispiel ist das vermeintliche Superfood wie Goji-Beeren und Chiasamen. Dessen ungeachtet behaupten seit Jahren unverdrossen auch funktionelle Lebensmittel (Functional Food) ihren Platz in deutschen Supermarktregalen. **Dabei handelt es sich um Produkte, denen eine „funktionelle" Zutat beigemengt wurde.** Häufig sind das Omega-3-Fettsäuren, ACE-Vitamine, Mineralstoffe, probiotische Bakterien oder Pflanzenauszüge – etwa aus Ginkgo oder Aloe Vera. Ob diese Produkte jedoch wirklich all das können, was die Werbung verspricht, ist in vielen Fällen unklar.

Probiotische Joghurts

Bakterienstämme, die gesünder sind als die „üblichen" Milchsäurebakterien – damit bewarben Hersteller in der Vergangenheit „probiotische" Joghurts. Die Wirkung der Mikroorganismen ließ sich jedoch nicht überzeugend belegen. Deshalb sind auf Verpackungen heute oft nur noch bestimmte Bakterienstämme angegeben. Um trotzdem mit einem „Health Claim", einer gesundheitsbezogenen Verpackungsangabe, zu werben, werden nun joghurteigene oder zugesetzte Vitamine wie Vitamin C, B_6 und D für die positiven Wirkungen verantwortlich gemacht. „Die enthaltenen Vitamine tragen zu einer normalen Funktion des Immunsystems bei", steht dann auf der Verpackung.

Phytosterine in der Margarine

Wer eine mit Pflanzensterin versetzte Margarine isst, der kann sein LDL-Cholesterin innerhalb von zwei bis drei Wochen um 7 bis 12,5 Prozent senken. **Ob die Margarine dadurch auch vor Herzkrankheiten schützt, ist nicht belegt.** Betroffene sollten darum den Arzt konsultieren. Für Menschen mit normalem Cholesterinspiegel könnte der Aufstrich sogar schädlich sein: Phytosterine können Blutgefäße steif machen. Deshalb fordern Verbraucherschützer eine Neubewertung der Produkte.

Ballaststoffe/Präbiotika

Inulin und Oligofruktose, beides lösliche Ballaststoffe, werden Backwaren, Milcherzeugnissen, Wurst, Fruchtsäften, Müsliriegeln, Süßwaren und Säuglingsnahrung zugesetzt. Sie gelten als Futter für die Darmflora und sollen die meist mangelhafte Ballaststoffzufuhr der Deutschen aufbessern. Allerdings konnten die Hersteller bislang auch hier keine Beweise liefern und dürfen deshalb keine entsprechenden Werbeversprechen machen. Im Gegensatz dazu dürfen Produkte, denen unlösliche Ballaststoffe beigemischt wurden – etwa aus Roggen, Hafer, Gerste oder Zuckerrübenfaser – damit beworben werden, dass sie zur normalen Verdauungstätigkeit beitragen oder das Stuhlvolumen erhöhen. Mit einem „hohen" Ballaststoffgehalt darf ein Produkt werben, wenn 100 Gramm davon mehr als 6 Gramm Ballaststoffe liefern.

Omega-3-Fettsäuren

Eine Extraportion Omega-3-Fettsäuren als Supplement, also als Zugabe in Lebensmitteln oder Fischölkapsel, kann weder Herz-Kreislauf-Erkrankungen verhindern noch die Sterberate senken. Zusätze an Omega-3-Fettsäuren finden sich zuweilen in Margarine, Eiern, Wurstwaren oder Brot.

ACE- und Multivitamin-Säfte

Mit Vitaminen angereicherte Säfte sind vor allem in der Winterzeit beliebt. Sie sollen gegen Erkältungen feien und das Immunsystem auf Trab bringen. ACE-Säfte liefern, wie der Name sagt, die Vitamine A (in Form von Beta-Karotin), C und E. Teils wird ihnen auch Selen beigemengt. Vitamin A und Vitamin C dürfen mit der Aussage beworben werden, dass sie „zu einer normalen Funktion des Immunsystems beitragen".

Die Vitamine C und E sowie Selen dürfen einen weiteren Zusatz tragen, nämlich dass sie „dazu beitragen, die Zellen vor oxidativem Stress zu schützen". Aus dem Lot geratener „oxidativer Stress" im Körper soll Krebs und Herz-Kreislauf-Krankheiten zur Folge haben. Allerdings reichen die Belege nicht aus, um einer Extraportion an Vitaminen oder Selen vorbeugende Wirkung gegen Krebs und Herzleiden zu bescheinigen.

Vitamin A kann zudem in hohen Dosen und bei Rauchern das Krebsrisiko sogar verstärken. Analysen der Stiftung Warentest haben obendrein gezeigt, dass einige angereicherte Säfte zu viel des Guten liefern. **Bereits in Säften ohne Nährstoffzusatz, zum Beispiel Orangensaft, steckt oft einiges an Vitamin C.** Naturtrüber Apfelsaft enthält wertvolle sekundäre Pflanzenstoffe.

Pflanzenauszüge/Botanicals

Aloe Vera gilt in der Naturheilkunde als wahrer Jungbrunnen. Zusätze in Lebensmitteln wie in Joghurt sollen laut Werbung etwas „Gutes für die Harmonie und Schönheit" tun. Solche Pflanzenauszüge, wie auch aus Ginkgo oder Ginseng, dürfen jedoch gar keine arzneilichen Wirkungen haben. Sonst müssten sie als Arzneimittel zugelassen werden.

MILCH MACHT NICHT KRANK – ABER AUCH NICHT GESUND

Milch hat derzeit ein Imageproblem. Über Jahrzehnte galt sie als wertvolles Nahrungsmittel für alle Altersgruppen. Kinder sollten durch Milchtrinken starke Knochen bekommen, müde Männer munter werden und Frauen Osteoporose vorbeugen. Heute meiden viele Menschen Kuhmilch bewusst. Zuweilen trägt die Ablehnung schon Züge einer Milchphobie. Das hat zwei Gründe: Bei einem Teil der Menschen führt der angesagte Latte Macchiato einfach zu Bauchschmerzen. Andere verteufeln Milch, weil sie sie für ungesund oder für den Auslöser von Allergien oder sogar Krebs halten.

Eine Frage der Gene

Sicher ist, dass rund jeder fünfte Deutsche unter Laktoseunverträglichkeit leidet. Bei Betroffenen arbeitet das Enzym Laktase, das im Dünndarm den Milchzucker spaltet, nicht richtig. So gelangt Milchzucker (Laktose) unverdaut in den Dickdarm, wo ihn Bakterien unter Bildung von Gasen abbauen. Allerdings führt dieser Defekt nur bei 5 bis 10 Prozent der Menschen zu Beschwerden wie Blähungen, Bauchschmerzen, Übelkeit und Durchfall. Ein einfacher Atemtest beim Arzt offenbart den Enzymmangel, der übrigens evolutionsbiologisch betrachtet der Normalzustand ist.

Betroffene müssen jedoch nicht vollständig auf Milch und Milchprodukte verzichten. Kleine Mengen, wie sie in gereiftem Käse, Joghurt oder Butter stecken, vertragen sie meist gut. Ein Problem ist dann tatsächlich nur die Milch. Wer gern Latte Macchiato trinkt, kann jedoch auf laktosefreie Milch (L-minus-Milch) zurückgreifen: Darin hat künstlich zugesetzte, meist gentechnisch hergestellte Laktase den Milchzucker bereits abgebaut. Laktosefreie Milch schmeckt erheblich süßer, weil in ihr jeweils ein Molekül Milchzucker in zwei andere Zuckermoleküle aufgespalten wurde.

Laut Gesellschaft für Konsumforschung (GfK) haben aber rund 80 Prozent der Käufer laktosefreier Produkte gar keine Milchzuckerunverträglichkeit. Der Begriff suggeriert einen Gesundheitswert an sich.

Extra-Info: Sogar Zwieback und Schinken werden heute als „laktosefrei" ausgelobt. Für Gesunde sind solche Produkte jedoch nutzlos. Damit nicht genug: Laktosefreie Milchprodukte sind in der Regel teurer als herkömmliche Erzeugnisse, die Laktose enthalten.

Macht Milch wirklich krank?

Milch gilt mittlerweile als Krankmacher. Sie soll zu Übergewicht, Diabetes und Übersäuerung führen und sogar Krebs auslösen. Außerdem wird ihr die Entstehung neurodegenerativer Leiden, Herzkrankheiten und Allergien angelastet. Auch Nierensteine, Arthritis, entzündliche Darmerkrankungen und Akne sollen auf das Konto von Milchvöllerei gehen. Sogar manche Hausärzte raten mittlerweile, Milch bei Erkältungen wegen ihrer „verschleimenden" Wirkung wegzulassen. Betrachtet man die Fakten, bleibt nicht viel vom schlechten Image. Allerdings war auch das frühere gute Image übertrieben – ein PR-Konstrukt der Milchindustrie.

Kein Schutz für die Knochen

Sicher ist, dass Kinder vom Milchtrinken in den empfohlenen Mengen profitieren, denn ihr Knochenbau wird aufgrund des hohen Gehaltes an Eiweiß und Kalzium robuster. Außerdem kann Vitamin D in Milch vorkommen – Milch von Weidekühen liefert mehr. Dagegen schützt Milchgenuss im Erwachsenenalter nicht vor Osteoporose und Knochenbrüchen. Für stabile Knochen scheint es wichtiger zu sein, dass man sich in jungen Jahren viel bewegt, nicht raucht und wenig Alkohol trinkt.

Extra-Info: In asiatischen Ländern gibt es kaum Fälle von Osteoporose, obwohl dort wenig bis keine Milch oder Milchprodukte auf dem Tisch stehen. Dies belegt, dass Gene und der Lebensstil das Risiko beeinflussen.

Vorwürfe meist nicht belegbar

Die meisten der gegen Kuhmilch erhobenen Vorwürfe lassen sich wissenschaftlich nicht untermauern. Es gibt lediglich Hinweise darauf, dass mehr als ein Liter Milch pro Tag das Wachstum von Prostatakrebszellen anfacht. Dagegen wirkt ein moderater Konsum, also zwei bis drei Portionen Milch oder Milchprodukte pro Tag, sogar gegen Darmkrebs – wenn auch nur in geringem Maß. Trotzdem werden einige Milchgegner nicht müde, Milch als Krebsverursacher zu brandmarken.

Auch das Risiko für Herz-Kreislauf-Erkrankungen erhöht sich durch Milchkonsum nicht, das gilt auch für Vollmilchkonsum. Ebenso wenig gibt es für andere Krankheiten Beweise, dass sie auf moderaten Milchkonsum zurückzuführen sind.

Extra-Info: Jeder Deutsche verzehrt pro Tag knapp 200 Gramm Milch und Milchprodukte – und damit etwas weniger als von Fachgesellschaften empfohlen.

Leben ohne Milch kein Problem

Erwachsene können problemlos ohne Milch leben. Voraussetzung: Sie achten darauf, sich Kalzium aus anderen Quellen zuzuführen. Auch Nüsse, Sojabohnen sowie grünes Gemüse und Mohn liefern den knochenstärkenden Mineralstoff in relevanten Mengen. Zusätzlicher Vorteil: Diese Lebensmittel sind zugleich reich an Eiweiß. Auch auf eine gute Jodzufuhr ist dann zu achten. Das steckt in Fisch oder in Jodsalz.

JOGHURT TRINKEN?

Joghurt-Drinks sollen gesund sein, viele enthalten jedoch reichlich **ZUCKER** – umgerechnet bis zu vier Stück pro Fläschchen.

SCHÜTTELN, TRINKEN, WOHLFÜHLEN – Actimel, LC 1, Yakult & Co. sollen die Verdauung fördern. Dafür sorgen laut Herstellern Bakterienstämme, die angeblich gesünder sind als normale Milchsäurebakterien. Doch trotz jahrelanger Studien, vielfach von der Industrie selbst in Auftrag gegeben, ließ sich eine positive Wirkung probiotischer Joghurts auf gesunde Menschen nicht belegen. Werbesprüche wie „aktiviert die Abwehrkräfte" sind daher EU-weit verboten. Auch das Wort „probiotisch" wurde inzwischen von den Verpackungen gestrichen.

JOGHURT ESSEN!

TOP-QUELLE FÜR Kalzium

Aktuelle Studien weisen darauf hin, dass Joghurt-Esser **SCHLANKER** sind – vorausgesetzt, sie essen Naturjoghurt und keine Fruchtzubereitungen.

PERFEKT!

Mit einem elektrischen Joghurtbereiter und Kulturen aus dem Reformhaus lässt sich Joghurt leicht selbst aus Milch herstellen.

REGELMÄẞIG JOGHURT ZU ESSEN lohnt sich: Milchsäurebakterien stabilisieren die Darmflora – unabhängig von der Sorte. Das schützt vor Krankheitskeimen und beeinflusst möglicherweise das Immunsystem. Da sich Menschen in der Zusammensetzung ihrer Darmflora stark unterscheiden, lässt sich nicht verlässlich sagen, welcher Joghurt bei wem am besten wirkt. Wer eine Sorte gut verträgt, sollte deshalb ruhig dabei bleiben. Außerdem beeinflusst der Joghurtverzehr auch Risikofaktoren für Diabetes, Herzleiden sowie Osteoporose positiv.

GUT GEGÄRT – HALB VERDAUT

Über das Thema Verdauung zu sprechen, galt früher als unschicklich. Durch die zunehmende Erforschung der Darmbakterien und Giulia Enders' Bestseller „Darm mit Charme" hat sich das geändert. Eine gesunde Darmflora gilt mittlerweile als Nonplusultra. Zunehmend greift die Erkenntnis um sich, dass der menschliche Körper gemeinsam mit seinen Bakterien einen Superorganismus bildet. „Digestive Wellness" heißt der Trend, bei dem die Darmflora mithilfe bestimmter Lebensmittel positiv beeinflusst oder Unverträglichkeiten abgemildert werden sollen. Weitgehend unklar ist indes noch, womit genau die „guten" Darmbakterien gefüttert werden müssen, damit sie optimal funktionieren.

Mikroben am Werk

Das neue Interesse für den Magen-Darm-Trakt hat eine sehr alte Konservierungsmethode wieder aufleben lassen: das Fermentieren von Lebensmitteln. Unter „Fermentation" versteht man enzymatische Abbauprozesse durch Bakterien oder Hefen. Dabei machen sich Mikroben über Zucker und Stärke her und bilden dabei Alkohol, Säuren und Gase – aber auch Aromen. Fermentierte Produkte werden haltbarer, besser verdaulich und geschmackvoller. Darüber hinaus trauen viele Fachleute vergorenen Lebensmitteln zu, der Gesundheit auf die Sprünge helfen. Schließlich interagieren die Mikroben aus fermentierten Produkten mit der Darmflora, fördern gute Stämme und hemmen das Wachstum krankmachender Keime. Dabei entstehen Abbauprodukte, die womöglich gesund sind. Manche Wissenschaftler fordern deshalb bereits, Ernährungsempfehlungen für fermentierte Lebensmittel zu formulieren.

Milchprodukte

Sauermilchprodukte entstehen durch die Zugabe von Milchsäure- oder Bifidobakterien zu pasteurisierter Milch. Bekannte Vertreter sind Joghurt, Buttermilch, Dickmilch, Speisequark, saure Sahne und Sauermilchkäse wie Hüttenkäse und Harzer. Andere Käsesorten werden mit Lab-Enzymen versetzt und später mit Edelschimmelkulturen beimpft. Kefir entsteht, wenn neben Milchsäurebakterien auch Hefen am Werk sind.

Zahlreiche Studien deuten darauf hin, dass der Konsum von Milchprodukten gesünder ist als Milchtrinken. So lässt sich das Brustkrebsrisiko vermutlich nur durch den Konsum fermentierter Milchprodukte und nicht durch Milch abmildern. Auch vor Osteoporose, Herzkrankheiten und Diabetes könnten Joghurt & Co. bewahren. Der Schutz vor Diabetes rührt vermutlich daher, dass bei der Fermentation Vitamin K entsteht. Bislang lässt sich jedoch nicht sagen, welche Milchprodukte besonders gesund sind. Ein weiterer Pluspunkt: Vergorene Milchprodukte sind oft auch laktosefrei.

Wurstwaren

Hinter der Bezeichnung „Rohwurst" steckt ebenfalls die Fermentation. Bei der Reifung etwa von Mettwurst, Salami oder Teewurst bauen Milchsäurebakterien Zucker ab. Sie säuern so das Produkt, gleichzeitig entstehen typische Aromen.

Sauerteig- und Hefebrot

Bei der Brotherstellung kommen Hefen wie „Saccharomyces cerevisae" sowie Milchsäurebildner wie „Lactobacillus sanfranciscensis" (Sauerteig) zum Einsatz, um das Getreide bekömmlich und aromatisch zu machen. Zugleich wird der Teig gelockert, weil bei der Reifung Gase entstehen.

Gemüse

In vielen Ländern der Welt steht vergorenes Gemüse auf dem Speiseplan. In Korea ist es Kimchi, in Mittelmeerländern Oliven und hierzulande gibt es Saukraut. Bei der Sauerkraut-Fermentation werden zwar gesunde Kohl-Glucosinolate abgebaut, im Gegenzug entstehen jedoch andere bioaktive Substanzen wie Indol-3-Carbinol und Ascorbinogen. Zudem enthält Sauerkraut mehr Vitamin C als Weißkohl. **Es gibt auch Hinweise darauf, dass milchsauer vergorenes Gemüse vor Dickdarmkrebs schützt.** Wem rohes Sauerkraut schwer im Magen liegt, sollte es kochen. Die empfohlene Kochdauer beträgt rund 30 Minuten.

Wein und Bier

Bei der alkoholischen Gärung werden Reinzucht-Hefen eingesetzt, die unter Ausschluss von Sauerstoff Alkohol bilden. In spontan vergorenen Weinen gelangen die Hefen aus den Trauben sowie der Umgebungsluft des Weinguts in die Gärbottiche.

Sojasauce & Misopaste

Sojasauce wird traditionellerweise in Holzfässern monatelang fermentiert. Allerdings gibt es viele industriell hergestellte Sorten, die nur sehr kurz reifen und dann auch nicht die gleichen Inhaltsstoffe liefern. Zudem dürfen Hersteller Aromastoffe, Glutamat, Zucker, Konservierungs- und natürliche Farbstoffe (Zuckercouleur) zusetzen.

Miso ist eine japanische Würzpaste, die vor allem aus fermentierten Sojabohnen besteht. Es gibt einzelne Hinweise, dass eine Miso-Suppe am Tag vor bestimmten Krebsarten und Bluthochdruck schützt.

Extra-Info: Weitere fermentierte Produkte sind Kaffee, Kakao, Tee und Honig, außerdem milchsauer vergorene Gemüsesäfte, Essig, Tempeh, Natto und Umeboshi-Pflaumen sowie Fischsauce.

FREISPRUCH FÜR EIER?!

Cholesterin ist ein lebenswichtiger, fettähnlicher Stoff. Er wird als Bausubstanz für Zellmembranen, Vitamin D, Gallensäuren und diverse Hormone benötigt. Unser Körper kann Cholesterin selbst herstellen – kommt jedoch viel über die Nahrung, drosselt er seine Produktion. Ob und wie sich der Cholesterinspiegel durch Ernährung beeinflussen lässt, ob also jemand ein „Responder" oder „Non-Responder" ist, hängt von seinen Erbanlagen ab. Tests, die das verraten könnten, existieren noch nicht. Das macht es schwierig, die Frage zu beantworten, wie viele Eier denn nun erlaubt sind. Schließlich enthalten sie reichlich Cholesterin, pro Ei zwischen 210 und 280 Milligramm.

Keine Obergrenze für Eier …

Einfacher ist es bei Menschen, die bereits erhöhte Cholesterinwerte, Gefäßerkrankungen oder Diabetes haben. Diese Menschen sollten nicht mehr als zwei Eier pro Woche essen. Cholesterin aus der Nahrung führt bei ihnen zu einem Anstieg des LDL-Cholesterins, das die Gefäße beschädigen und zu Herzkrankheiten führen kann.

Bei gesunden Menschen erhöht das Essen von Eiern den LDL-Cholesterinspiegel kaum oder gar nicht. Das ist auch der Grund, warum die Deutsche Gesellschaft für Ernährung (DGE) kürzlich ihre Empfehlung zu Eiern revidierte. Ab sofort dürfen gesunde Menschen pro Woche mehr als drei Eier essen.

Extra-Info: Auch die Behauptung, ein Ei pro Tag erhöhe das Risiko für Herzkrankheiten, ist nicht belegt.

… aber für Cholesterin

Trotzdem hält die DGE an der Obergrenze von 300 Milligramm Cholesterin pro Tag fest. Begründung: Lebensmittel, die viel Cholesterin liefern, enthalten auch einen hohen Anteil an gesättigten Fettsäuren. Diese gelten zumindest teilweise als schädlich. Dabei geht es jedoch nicht um einzelne Nährstoffe oder Lebensmittel, sondern – wie immer – um den gesamten Speiseplan.

Das Ei, die Nährstoffbombe

Auf der anderen Seite liefern Eier hochwertiges Eiweiß, was sie besonders für Vegetarier wertvoll macht. Zudem sättigen Eier durch ihren hohen Proteingehalt sehr gut. Dadurch sorgen sie für weniger Pfunde oder helfen beim Abnehmen. Auch die Vitamine A, D und B (Folat) sowie Kalium, Kalzium und Eisen sind neben Karotinoiden und Cholin (siehe S. 159) in Eiern enthalten.

Extra-Info: Hart gekochte Eier sind zwar etwas schwerer verdaulich, halten aber auch länger satt.

GUT ZU WISSEN RUND UMS EI

1 Sind braune Eier gesünder? Nein, die Farbe der Schale hat nur etwas mit der Rasse zu tun. Es gibt auch Bio-Eier, die weiß sind – genauso wie braune Eier aus der Legebatterie. Auf Nährstoffgehalt und Geschmack hat die Schalenfarbe keinen Einfluss. Käufer bevorzugen die braune Variante, da anfangs in der Freiland- und Bio-Haltung braunlegende Rassen eingesetzt wurden.

2 Sind Bio-Eier gesünder? Eier aus biologischer Haltung liefern etwas mehr Omega-3-Fettsäuren und ein besseres Aroma. Die Dotterfarbe ist, bedingt durch die andere Fütterung, etwas blasser. Das wirkt sich jedoch nicht auf den Nährstoffgehalt aus. Außerdem werden Bio-Hühner nicht vorsorglich mit Antibiotika behandelt, deshalb sind ihre Eier seltener mit resistenten Keimen belastet.

3 Wer braucht Omega-3- oder DHA-Eier? Gibt der Bauer Leinsamen oder Algen ins Hühnerfutter, enthalten die Eier mehr Omega-3-Fettsäuren, wie Alpha-Linolensäure und Docosahexaensäure (DHA). Auf der Verpackung muss der Gehalt angegeben sein. Allerdings kann man diese essenziellen Fettsäuren auch über Pflanzenöl oder Fischgerichte aufnehmen.

4 Was kann Cholin? Cholin kann der Körper eigentlich aus der Aminosäure Methionin selbst herstellen. Daher gilt es nicht als essenzieller Nährstoff und es gibt keine Empfehlungen. Studien haben jedoch gezeigt, dass eine niedrige Cholin-Aufnahme zu Leberverfettung sowie Muskelschäden führen kann. Die Europäische Behörde für Lebensmittelsicherheit (EFSA) schätzt, dass Erwachsene der Gesundheit wegen rund 400 Milligramm Cholin pro Tag aufnehmen sollten. Ein Ei enthält etwa 250 Milligramm davon.

Rohe Eier sind ab dem Legedatum rund 28 Tage haltbar. Ist diese Zeit vorbei, sollten die Eier nur noch erhitzt verzehrt werden. Legt man ein Ei in ein Glas Wasser und sinkt es nach unten, ist das Ei frisch und auch für rohe Speisen wie Tiramisu geeignet. Eier sind die ersten ein bis zwei Wochen theoretisch bei Zimmertemperatur lagerfähig. Danach sollten sie jedoch in den Kühlschrank wegen der Salmonellengefahr.

Hart gekochte Eier sollten laut DGE nach zwei bis vier Wochen aufgebraucht werden. Ist ihre Schale beschädigt, ist es besser, sie gleich zu essen. Gefärbte Eier aus dem Supermarkt sind aufgrund ihres Schutzlacks jedoch länger haltbar.

FLEISCH MIT BEILAGEN?

ZU VIEL FLEISCH MACHT KRANK. Wer pro Woche mehr als 600 Gramm davon isst, erhöht sein Risiko, an Bluthochdruck, Herzleiden und Darmkrebs zu erkranken. Auch Gicht, ein Schlaganfall und Diabetes können die Folge sein. Wer wie der Schnitt aller Deutschen mehr als 160 Gramm Fleisch pro Tag isst, hat ein um bis zu 40 Prozent erhöhtes Risiko, früher zu sterben als ein zurückhaltender Fleischesser, der nur 10 bis 20 Gramm konsumiert. Das gilt vor allem für „rotes" Fleisch, also Produkte aus Schwein, Rind, Kalb und Schaf.

BEILAGEN MIT FLEISCH!

VIELE STUDIEN BELEGEN, dass ein moderater Fleischverzehr der Gesundheit nicht im Wege steht. Denn Fleisch liefert dem Menschen essenzielle Nährstoffe. Da in einem Steak viel Eiweiß steckt, sättigt es gut. Zudem weist das tierische Protein einen hohen Gehalt an unentbehrlichen Aminosäuren auf. Fleisch liefert auch Eisen, Selen, Mangan, Zink, Jod sowie Vitamin B_1, B_6 und B_{12}. 300 bis 600 Gramm Fleisch und Fleischprodukte pro Woche gelten als gesund. Wer dies nur als Beilage zu viel Gemüse und Obst verzehrt, ist ideal versorgt.

FETTIGES WÜRSTCHEN?

NAHEZU 1500 WURSTSORTEN stapeln sich in den Auslagen deutscher Metzgereien. Jede Region hat ihre Spezialitäten – und so vermitteln bayerische Weißwurst, Thüringer Rostbratwurst und die zahlreichen Aufschnittsorten auch ein Stück Heimat. Doch immer wieder nehmen Ernährungsexperten das Kulturgut Wurst ins Visier – zu Recht. Studien belegen, dass verarbeitetes Fleisch ab einer Menge von ca. 40 Gramm pro Tag und Person der Gesundheit abträglich ist. Hierzulande werden jedoch über 80 Gramm Wurst pro Tag verzehrt.

SAFTIGES STEAK!

WER GERN FLEISCH ISST, sollte zu unverarbeitetem Fleisch greifen. Dabei lohnt es sich, auf Qualität zu achten. So ist Bio-Rindfleisch gesünder, da es rund 50 Prozent mehr Omega-3-Fettsäuren liefert als konventionelles Fleisch. Wurden Tiere stressfrei geschlachtet, schmeckt auch ihr Fleisch besser. Besonderen Genuss verspricht über vier Wochen trocken abgehangenes Rindfleisch (dry-aged). Dagegen ist Billigfleisch oft mit Antibiotika belastet. Da eingepferchte Tiere sehr leicht krank werden, bekommen sie diese direkt ins Futter gemischt.

FLEISCH – DAS STECKT DRIN

BEJUBELT UND VERTEUFELT – an Fleisch scheiden sich die Geister. Wichtig ist, maßzuhalten.

Schweinefleisch

Ist reich an Vitamin B_1 und B_6. Heutige Rassen liefern weniger Fett, sind zu 90 Prozent Kreuzungen aus Deutschem Edelschwein, Deutscher Landrasse und Pietrain.

Geflügel

Geflügelfleisch gilt als gesund, ist allerdings nicht ganz so nährstoffreich wie Schwein und Rind.

Rind- und Kalbfleisch

Rind liefert viel Eisen, Zink und Vitamin B_{12}. Kalbfleisch liefert weniger Vitamin B_{12}, ist dafür aber besonders mager und zart.

Lamm

Hat grundsätzlich eine günstige Zusammensetzung der Fettsäuren, weil Tiere auf der Weide aufwachsen. Liefert aber auch viel Häm-Eisen.

ROT ODER WEISS – so lautet die gängige Einteilung für Fleisch. In Studien schneidet rotes Fleisch stets schlechter ab als weißes, doch eine endgültige Erklärung dafür gibt es nicht. Wahrscheinlich spielt Häm-Eisen eine Rolle, das in rotem Fleisch wie Schwein, Rind, Kalb, Lamm und Wild enthalten ist – in weißem Fleisch wie Geflügel oder Fisch dagegen fehlt. Häm-Eisen ist ein Bestandteil des roten Blutfarbstoffs. Es fördert zum einen die Entstehung von aggressiven Substanzen, die Zellen entarten lassen. Zum anderen stimuliert Häm-Eisen im Dickdarm die Bildung von krebserregenden Verbindungen. Wer immer nur Schwein, Rind und Lamm isst, lebt gefährlicher als Fleischesser, die auf Abwechslung setzen.

■ **Insekten im Trend?** Manche Experten sehen in Larven und Heuschrecken die Zukunft der Ernährung. Fakt ist: Insekten liefern gut dreimal so viel Eiweiß wie Fleisch, zudem enthalten sie viel Kupfer, Eisen, Magnesium, Kalzium, Mangan, Phosphor, Selen und Zink sowie B-Vitamine – aber auch mehr gesättigte Fette.

KÜCHENHYGIENE: KEINE CHANCE FÜR FIESE KEIME

Unsere Lebensmittel sind, so wie wir sie kaufen, zum weitaus überwiegenden Teil sicher. Doch ob sie auch gut für unsere Gesundheit sind, hängt ebenso davon ab, wie wir mit Salat, Eiern, Fleisch & Co. umgehen. Mit der Hygiene in der Küche stehen offenbar viele auf Kriegsfuß: **So gehen bis zu 80 von 100 Salmonellen-Infektionen auf Fehler bei der Lagerung oder Zubereitung von Lebensmitteln zurück.** Zu den gefährlichen Erregern zählen neben Salmonellen Campylobacter, Yersinien, Listerien und Noro-Viren. Die Folgen einer Infektion sind unterschiedlich. Während gesunde Erwachsene oft nicht so schwer betroffen sind, können Magen-Darm-Infekte bei Kindern und Betagten schwer verlaufen.

Rohe „Sensibelchen"

Besonders Lebensmittel, die roh verzehrt werden, sollten immer ganz frisch sein – ob Eier für Tiramisu oder Hackfleisch für Tartar. Wichtig ist auch, kritische Lebensmittel immer schnell zu kühlen. Hier ist zudem in jedem Fall das „Verbrauchsdatum" zu beachten. Es gibt den Zeitpunkt an, bis zu dem ein Lebensmittel verzehrt werden sollte. Ein Verbrauchsdatum ist vorgeschrieben für leicht verderbliche Lebensmittel wie Frischgeflügel und Hackfleisch.

Dagegen gilt für Lebensmittel mit Mindesthaltbarkeitsdatum (MHD): **Ist die Packung verschlossen und das MHD nur kurzfristig überschritten, kann man das Lebensmittel meist noch essen.** Hier handelt es sich nicht um ein Verfallsdatum. Dennoch sollte man die Qualität des Lebensmittels vor dem Verzehr genau prüfen – ansehen, riechen und eventuell kosten. Riecht etwa Speisequark nach Hefe oder hat Schimmelflecken, gehört er in den Müll.

Bitte nicht verkohlen!

Beim Zubereiten von Lebensmitteln, vor allem beim Toasten, Grillen, Backen und Braten, können zudem krebserregende Substanzen entstehen. Beim Grillen von Fleisch entstehen unter anderem Heterozyklische aromatische Amine (HAA) oder Benzo(a)pyren. Auch Acrylamid, das in sehr dunklem Toast aber auch in stark gebräunten Bratkartoffeln vorkommt, gilt als ungesund. Verkohlte Stellen sollten deshalb stets großzügig weggeschnitten werden.

TIPPS FÜR MEHR SICHERHEIT

1 Erst Hände, dann Lebensmittel waschen. Viele Keime werden durch schlampig gewaschene Hände übertragen. So überleben Grippeviren drei Stunden auf der Haut. Lebensmittel am besten erst kurz vor der Zubereitung oder dem Essen waschen, da sich sonst Keime auf ihnen vermehren.

2 Rohkost und Fleisch getrennt vorbereiten. Salat und Beeren am besten in einer Schüssel waschen, **da in der Spüle oft Keime haften**. Rohkost nicht auf einem Brett schneiden, auf dem vorher Fleisch oder Fisch lagen. Gleiches gilt für Messer.

3 Haustiere nicht beim Kochen streicheln. Hunde und Katzen können Krankheitserreger übertragen – die nach dem Streicheln prompt im Essen landen würden.

4 Den Kühlschrank monatlich putzen. In ihm tummeln sich mehr pathogene Keime als auf Toiletten. Der Grund: Oft ist die Kühlschrank-Temperatur auf mehr als 8 Grad Celsius eingestellt. Dann vermehren sich Viren und Bakterien schnell. Neben dem Reinigen mit Lappen und Spülmittel sollten **verdorbene Lebensmittel sofort entsorgt werden**. Auch die Spüle am besten nach jeder Koch-Session gründlich putzen.

5 Schwämme und Lappen häufig wechseln. Spüllappen und -schwämme sollten wöchentlich in der Maschine gewaschen oder durch neue ersetzt werden. Auch Geschirrtücher werden oft nicht nur beim Abspülen verwendet. In ihnen tummeln sich schnell die Keime. Deshalb sollten sie bei mindestens 60 Grad gewaschen werden.

Beim Grillen von Fleisch am besten eine Alu-Pfanne verwenden, damit kein Fett in die Glut tropft und im Grillgut keine gefährliche Substanzen entstehen. Auch bei Gemüse ist es ratsam, verkohlte Stellen wegzuschneiden. Wer kein ausgesprochener Holzkohle-Hardliner ist, grillt besser mit einem Gas- oder Elektrogrill. Am besten: Nicht zu oft grillen und Kräutermarinaden, etwa mit Rosmarin, Salbei oder Thymian, verwenden. Diese blockieren die Bildung von krebserregenden Stoffen teilweise um 75 Prozent.

Beim Toasten gilt das Motto: „Vergolden statt verkohlen!" Zwar ist bis heute nicht ganz klar, wie giftig Acrylamid für den Menschen tatsächlich ist. In jedem Fall raten Experten zur Vorsicht. Acrylamid steckt auch in Chips, Pommes, Backwaren, Keksen, Frühstückszerealien, Brot und löslichem Kaffeepulver.

„RICHTIGE" ERNÄHRUNG – EINE FRAGE DES GLAUBENS

Ob vegan, laktose- oder glutenfrei, ob Clean Eating, Säure-Basen- oder Steinzeit-Diät, ob Rohkost, Detox oder Intermittierendes Fasten – noch nie versuchten so viele Menschen, die für sich „richtige" Ernährungsweise zu finden. Zwar gibt es keine Statistiken darüber, doch die Fülle an speziellen Lebensmitteln im Supermarkt, der Boom veganer Restaurants in Großstädten und die Themenschwerpunkte in Buchläden zeigen, dass wir uns in jedem Fall bewusster ernähren als früher. Doch ist das auch gesund?

Vegane Ernährung

Veganer meiden alle tierischen Produkte. Neben Fleisch, Fisch, Eiern und Milch verzichten sie auch auf Honig. **Sich vegan zu ernähren kann sehr gesund sein – wenn man es richtig macht.** So haben laut „Adventist-Health-Studie" männliche Veganer – verglichen mit Fleischessern – eine um 15 Prozent reduzierte Sterblichkeitsrate. Andere Studien konnten dagegen keine lebensverlängernde Wirkung veganer Ernährung nachweisen. In Sachen Diabetes ist die Sache eindeutiger: Hier sinkt das Risiko um fast 50 Prozent. Was Herzkrankheiten betrifft, ist zumindest bei männlichen Veganern das Risiko um satte 42 Prozent reduziert. Sie weisen niedrigere Blutdruck-, Blutfett- sowie Zuckerwerte auf, haben zudem statistisch gesehen weniger Pfunde auf den Hüften – vermutlich, weil sie mehr Ballaststoffe und weniger Fett zu sich nehmen.

Insgesamt sind Veganer auch mit Beta-Karotin, Vitamin C, Vitamin E, Folat und vielen sekundären Pflanzenstoffen besser versorgt. Obendrein gibt es Hinweise darauf, dass eine rein pflanzliche Kost Rheumatoider Arthritis vorbeugt. Auch an Krebs erkranken Veganer seltener. Laut der eingangs erwähnten Adventisten-Studie sinkt das Risiko für Magen-Darm-Tumore um 25 Prozent, bei Männern das Risiko für Prostatakrebs um 54 Prozent und bei Frauen das Brustkrebsrisiko um 34 Prozent. Ebenso wie Vegetarier neigen auch Veganer insgesamt zu einem gesünderen Lebensstil.

Dennoch sind Veganer nicht gegen alle Malaisen gefeit: So neigen sie der Oxford-EPIC-Studie zufolge eher zu Osteoporose und Frakturen, da sie relativ wenig Vitamin D und Kalzium zu sich nehmen. Ob Veganer unterm Strich häufiger oder seltener unter

Erkältungskrankheiten leiden, konnte bislang nicht belegt werden.

Allerdings ist eine vegane Kost alles andere als einfach zu bewerkstelligen. Der Speiseplan muss so gut zusammengestellt sein, dass sich die pflanzlichen Eiweiße ergänzen, eisenhaltige Lebensmittel mit Vitamin C verzehrt sowie mit Kalzium angereicherte Lebensmittel auf den Tisch kommen. Wahr ist auch: Wer sich vegan ernährt, riskiert einen Mangel an den Vitaminen B_2, B_{12} und D, Eisen, Jod, Zink, Kalzium und Omega-3-Fettsäuren. Ernährungsexperten empfehlen Veganern deshalb, zumindest Vitamin B_{12} in Tablettenform zu ergänzen und darüber hinaus Jodsalz zu verwenden.

Fazit: Vegane Ernährung kann gesund sein, wenn der Speiseplan ausgewogen und vielfältig ist. Zudem sollten Veganer unbedingt Vitamin B_{12} supplementieren.

Rohkost-Ernährung

Die Rohkost-Ernährung gibt es in zahlreichen – auch veganen – Formen. Ihre Effekte auf die Gesundheit generell zu bewerten, ist daher nicht möglich. Da das Erhitzen von Nahrung viele Nährstoffe erst für den Körper verfügbar macht, kann diese Kost zu starkem Untergewicht sowie Osteoporose führen. Ernähren sich Frauen über längere Zeit roh, bleibt oft ihre Regelblutung aus. Auch Beta-Karotin, das durch Erhitzen von Nahrung verfügbar wird, ist rar.

Die Gießener Rohkost-Studie belegt jedoch: Bei einer Rohkost-Diät sinken neben dem LDL-Cholesterin im Blut auch Triglyzeride, was für ein niedrigeres Risiko für Herzkrankheiten spricht. Allerdings sinken auch HDL- Cholesterin und Homocystein-Werte, was das Risiko wiederum erhöht.

Fazit: Die Rohkost-Ernährung ist als Dauerernährung nicht geeignet. Sie führt leicht zu einem Mangel.

Säure-Basen-Diät

Anhänger dieser Diät glauben, dass der Körper Säuren nicht komplett loswerden kann und sie darum als saure Stoffwechselschlacken im Bindegewebe einlagert. Die Folge: Rheuma, Diabetes oder sogar Krebs. Jedoch ist diese Annahme bislang wissenschaftlich nicht zu untermauern.

Schließlich funktioniert der Säure-Basen-Haushalt bei gesunden Erwachsenen sehr gut. Der pH-Wert des Blutes liegt zwischen 7,35 und 7,45. Verschiedene Puffersysteme im Körper sorgen dafür, dass bei der Verdauung entstehende überschüssige Säuren unschädlich gemacht werden. Die meisten aus Obst und Gemüse stammenden organischen Säuren zerlegt der Stoffwechsel vollständig, wobei basische Mineralstoffe frei werden. Hydrogenkarbonat, das in Mineralwasser zu finden ist, wirkt im Körper ebenfalls basenbildend.

Dagegen entstehen Säuren beim Abbau schwefel- und phosphorhaltiger Verbindungen, wie sie in Fleisch, Fisch, und Milchprodukten, Getreide, Hülsenfrüchten, Schmelzkäse sowie Softdrinks vorkommen.

Bei der Säure-Basen-Diät soll daher nur ein Drittel der Nahrungsmenge täglich aus tierischen Produkten, Getreide und Alkohol bestehen. Der Löwenanteil soll aus Gemüse, Obst und Kartoffeln stammen. Teils werden auch basenhaltige Nahrungsergänzungsmittel oder spezielles Mineralwasser empfohlen. Dass eine hohe „Säurelast" das Diabetes-Risiko besonders dann erhöht, wenn viel tierisches Eiweiß auf dem Speiseplan steht, zeigte kürzlich eine Studie. Das ist jedoch nicht weiter verwunderlich, schließlich haben bereits viele Studien vorher die Vorteile einer pflanzenbasierten Kost belegt. Klar ist aber auch, dass man für seine Gesundheit weder Basenpulver noch spezielle Mineralwässer braucht.

Übrigens: Eine Übersäuerung im Blut lässt sich mittels eines Teststreifens aus der Apotheke nicht messen. Dafür ist es erforderlich, den pH-Wert des Urins über mehrere Wochen zu bestimmen.

Fazit: Die Säure-Basen-Diät ist gesund, weil viel Gemüse auf dem Speiseplan steht. Sie taugt darum auch als Langzeitdiät.

Steinzeit-Diät

Anhänger der Paleo-Diät verzichten auf Getreide und Kartoffeln, da diese vor dem Neolithikum (ca. 10 000 v. Chr.) nicht verfügbar gewesen seien und unser Körper deshalb nicht an diese angepasst sei. Allerdings ist nicht ganz klar, was Steinzeitmenschen tatsächlich verzehrt haben. Neueren Studien zufolge könnten stärkereiche Wurzeln auf dem Speiseplan gestanden haben. Dagegen verabscheuen Steinzeitköstler Hülsenfrüchte und Milch, was reichlich kurios ist. Schließlich halten Ernährungswissenschaftler diese Lebensmittel praktisch einhellig für gesund.

Auch diese Diät kann jedoch Probleme bereiten. Schließlich verspeisen Anhänger dieser Diät teils Unmengen an Eiweiß. Mancher führt seinem Körper die wöchentlich empfohlene Fleischmenge in ein bis zwei Tagen zu. Das belastet einerseits die Nieren. Gemäß Beobachtungsstudien erhöht ein Übermaß an Fleisch auch das Risiko für Krankheiten wie Darmkrebs. Allerdings zeigen Humanstudien zur Steinzeit-Diät kurzfristig durchaus positive Effekte etwa auf den Blutzuckerspiegel – einfach deshalb, weil weder Zucker noch Weißmehl auf den Teller kommen. Langfristige Studien zur Paleo-Diät existieren jedoch nicht.

Fazit: Kurzfristig kann die Paleo-Diät vor allem bei starkem Übergewicht positive Effekte haben.

„Clean Eating"

Clean-Eater meiden jegliche Fertigprodukte, versuchen frische Lebensmittel zu verwenden und viel selbst zu kochen, was Ernährungsmediziner begrüßen. Als Faustregel gilt: Stehen Fremdwörter oder mehr als fünf Zutaten auf der Verpackung gilt das Produkt als nicht „clean". Statt drei großer werden fünf bis sechs kleinere Mahlzeiten bevorzugt.

Zu jeder Mahlzeit sind Obst oder Gemüse empfohlen, Salz, Zucker und Alkohol sollten nur in sehr geringen Mengen konsumiert werden.

Im Grunde enthalten diese Vorgaben die Grundsätze der guten, alten Vollwertkost, angereichert mit modernen Superfoods wie Chiasamen und Goji-Beeren. Und das ist gesund. Versprochen wird aber nicht nur Gesundheit, sondern auch Schlankheit, Schönheit und bessere Leistungsfähigkeit. Dazu wiederum gibt es jedoch keine wissenschaftlichen Belege.

Fazit: Gesunde Ernährung, aber mit den vielen Superfoods nicht so nachhaltig wie Vollwertkost, die auch auf saisonale und regionale Lebensmittel Wert legt.

Detox

Viele alternative Ernährungsmethoden basieren auf der Vorstellung, dass wir in einer „vergiftenden" Umwelt leben, die im Körper Ablagerungen als sogenannte Schlacken hinterlässt. Auslöser können Lebensmittel sein, aber auch Rauchen, Kaffee und Alkohol. Obendrein, so die Detox-Fans, gäbe es weitere, unsichtbare Umweltgifte, die uns schleichend verseuchen sollen. Als Gegenmittel sind „Entgiftungsdiäten" und „Detox-Kuren" im Umlauf. So gelten beispielsweise Kräutertees, aber auch Zitrone, Ingwer, Ananas und Papaya als reinigend. Auch Smoothies mit Superfoods wie Weizengras oder Spirulina, schwarze Smoothies mit Aktivkohle, Saftfasten (Juicing) und Suppenfasten (Souping) sollen zum Entschlacken geeignet sein. Wissenschaftliche Beweise, dass diese Lebensmittel oder Diäten die Ausscheidung von Stoffwechselschlacken fördern und gesünder machen, gibt es jedoch nicht. Tests zeigen auch, dass viele Kräutertees teils krebserregende Schadstoffe enthalten.

Echtes Heilfasten kann – unter ärztlicher Aufsicht durchgeführt – bei bestimmten Krankheiten wie Rheuma tatsächlich Linderung bringen. Das löst zwar keine „Schlacken" – Tierstudien weisen jedoch darauf hin, dass Fasten die zelluläre Müllabfuhr anspornt. So werden geschädigte Zellteile entsorgt, was sich womöglich positiv auf den Stoffwechsel auswirkt.

Fazit: „Detox-Kuren" von ein bis zwei Wochen sind unproblematisch. Bei längerem Fasten ohne ärztliche Anleitung drohen jedoch Nährstoffmängel.

Ayurveda

Die aus Indien stammende Lehre unterteilt Menschen nach Typen (Doshas). Diesen zufolge sind bestimmte Nahrungsmittel zu meiden. Auffällig ist die reichliche Verwendung von Gewürzen und Kräutern sowie der Umstand, dass fast alles gekocht auf den Tisch kommt – möglichst regionale und saisonale Lebensmittel. Die Ernährungsweise kommt der lakto-vegetabilen Diät nahe.

Fazit: Ernährung nach Ayurveda kann, gut zusammengestellt, als Langzeiternährung alle Nährstoffe liefern. Kritisch zu sehen ist nur der Mangel an Rohkost.

KAISERFRÜHSTÜCK ODER: WANN ESSEN WIR?

Vielen dürfte das Sprichwort vertraut sein: „Speise morgens wie ein Kaiser, mittags wie ein König, abends wie ein Bettelmann." Könnte es also sein, dass es gar nicht so wichtig ist, was wir essen, sondern wann? Auch zu diesem Thema kursieren zahlreiche Theorien mit passenden Ernährungsweisen im Schlepptau – etwa „Dinner Cancelling" und „Intermittierendes Fasten". Zum Teil gilt das Frühstück sogar als Gift und auch das Snacken hat keinen guten Ruf.

Gesund Snacken? Nicht einfach

Fakt ist, dass der Mensch eine innere Uhr besitzt, die sich vor allem am Tageslicht orientiert. Gemäß dieser Uhr arbeiten unsere Zellen gut oder weniger gut. Auch die Nahrungsaufnahme beeinflusst die Zellen, etwa in der Leber, den Muskeln sowie im Fettgewebe. Aus Studien mit Schichtarbeitern – also Menschen mit komplett umgekehrtem Rhythmus – weiß man, dass das Leben gegen diese Uhr auf Dauer schädlich ist. So leiden Schichtarbeiter häufiger unter Herzkrankheiten, Diabetes, Übergewicht und Depressionen. Weniger klar ist jedoch, wie sich die Frequenz der Mahlzeiten auf den Stoffwechsel auswirkt. Zwar fanden einige Arbeiten heraus, dass gesunde Zwischenmahlzeiten Heißhungerattacken vorbeugen. Allerdings sind viele Snacks eben leider wenig gesund, weil sie überzuckert und fetthaltig sind.

Wer nicht nur zu den Hauptmahlzeiten isst, sollte laut Deutscher Gesellschaft für Ernährung (DGE) Gemüse und Obst sowie fettarme Milchprodukte als Zwischenmahlzeit bevorzugen. Energiereiche Lebensmittel wie Süßigkeiten, Gebäck und Fast-Food-Produkte sowie gezuckerte Getränke gehören dagegen nicht zu den empfohlenen Zwischenmahlzeiten.

Drei Mahlzeiten? Kein Problem

Andere Studien postulierten, dass drei regelmäßige Mahlzeiten am Tag besser für den Stoffwechsel seien, da der Körper nur bei niedrigem Insulinspiegel die Möglichkeit erhalte, seine Fettreserven anzuknabbern. Auch aus dem Takt gelaufene innere Uhren ließen sich so angeblich synchronisieren. Altersforscher favorisieren daher diesen Rhythmus. Im Endeffekt geht es – egal ob bei drei oder fünf Mahlzeiten pro Tag –

darum, insgesamt nicht zu viel zu essen. Das scheint Typsache zu sein. Manchem fällt es nun mal leichter, eine ganze Mahlzeit auszulassen als sich bei Tisch zu zügeln.

Ohne Frühstück? Lieber nicht

Generell vom Frühstück abzuraten, wie das einige „Experten" tun, ist falsch, wie Studien immer wieder zeigen. Ein sättigendes Frühstück hat positive Effekte, unter anderem auf Zuckerstoffwechsel und Blutdruck. Kinder, die regelmäßig frühstücken, sind demzufolge eher schlank. Ein Toast mit Nuss-Nougat-Creme gehört jedoch nicht zu den sättigenden Speisen und ist darum als Start in den Tag nicht zu empfehlen.

Einige Menschen haben morgens einfach keinen Appetit – ist es trotzdem ungesund, das Frühstück wegzulassen? Die Frage lässt sich nicht zweifelsfrei beantworten. Schließlich will sich morgens niemand zum Essen zwingen müssen.

Ohne Abendessen? Wer's mag

Üppige Mahlzeiten am Abend gelten vielen als Dickmacher. Darum wird auch das „Dinner Cancelling" als wahrer Jungbrunnen empfohlen. Es gibt jedoch keine eindeutigen Belege, dass die Größe des Abendessens Einfluss auf das Gewicht eines Menschen hätte. Insgesamt geht es auch hier um die Menge, die über den Tag verteilt gegessen wird. Allerdings gibt es einzelne Hinweise darauf, dass regelmäßige große Abendmahlzeiten nicht gut für die Herzgesundheit sind.

Über Nacht fasten? Mal versuchen

Betrachtet man die Geschichte der Menschheit, wechselten sich wohl lange Hungerphasen mit kürzeren Schlemmerphasen ab. Könnte es also sein, dass der Mensch daran angepasst ist und dies darum gesünder ist? Das glauben zumindest Anhänger des sogenannten Intervallfastens.

Lange Essenspausen sollen den Stoffwechsel und die Regeneration der Zellen ankurbeln und beim Abnehmen helfen, so das Hauptargument. Intervallfasten senke das Diabetesrisiko, steigere die Hirnleistung im Alter und wirke lebensverlängernd. Diese Wirkungen sind im Tierversuch belegt, allerdings gibt es beim Menschen bislang nur Studien, die einzelne Parameter wie verbesserte Blutzuckerwerte belegen.

Es gibt verschiedene Konzepte, etwa eine tägliche Essenspause von 16 Stunden (über Nacht) oder einem zweitägigen Fasten pro Woche bei fünf „normalen Tagen". Tatsächlich ist das Intervallfasten für Übergewichtige zu empfehlen, wenn sie dies besser durchhalten, als regelmäßig weniger zu essen. Während des Fastens sollte man sich allerdings bewegen. Ob der Jojo-Effekt ausbleibt, ist unklar. Diabetikern könnten beim Fasten auftretende Unterzuckerungen nicht guttun, sie sollten sich zuvor besser mit ihrem Arzt besprechen.

EIN PAAR KILO ZU VIEL? NUR KEINE PANIK!

Schlanksein wird gemeinhin mit Gesundheit gleichgesetzt. Dass dies jedoch nicht automatisch so ist, zeigen immer wieder Studien. So haben laut Weltgesundheitsorganisation (WHO) Menschen mit einem Body-Mass-Index (BMI) von 27 die höchste Lebenserwartung. Dieser Wert gilt jedoch bereits als Übergewicht (siehe Tabelle rechts). Auch in Hinblick auf Herzinfarkt, Krebs, Infektionen und nicht zuletzt auf der Intensivstation im Krankenhaus sind ein paar Fettreserven offenbar von Nutzen.

Apfel oder Birne ist Typsache

Doch wie kann das sein? Schließlich bescheinigen andere Studien Übergewichtigen ein erhöhtes Krankheitsrisiko, etwa in Bezug auf Diabetes, Herzkrankheiten, Störungen von Fettstoffwechsel und Fruchtbarkeit sowie Arthritis, Gicht und sogar Krebs. Konkret: Übergewichtige erkranken laut WHO mehr als dreimal so oft an Diabetes, zwei- bis dreimal so oft an koronaren Herzleiden und ein- bis zweimal so oft an Krebs.

Das Problem an der Sache ist der BMI, denn er sagt rein gar nichts darüber aus, wo das Fett sitzt. Um das Krankheitsrisiko besser vorherzusagen, wird in laufenden Studien der Taillenumfang gemessen. So lässt sich das Fett lokalisieren. Gefährlich ist das Bauch- oder Stammfett des „Apfel-Typs", während die die üppigen Schenkel und das etwas ausladendere Gesäß des „Birnen-Typs" vermutlich harmlos sind.

Die Fettzellen am Bauch senden eine große Schar an Botenstoffen aus. Diese fachen Entzündungen an und machen Muskelzellen taub für Insulinsignale. Die Folge ist eine Insulinresistenz. Nach der Leitlinie der Deutschen Adipositasgesellschaft gilt ein Bauchumfang von mehr als 88 Zentimetern bei Frauen und von mehr als 102 bei Männern als bauchbetontes Übergewicht (abdominelle Adipositas).

Auf die Muckis kommt es an

Der BMI – also Gewicht geteilt durch Größe zum Quadrat – ist auch deshalb unbrauchbar, weil er Muskelmasse als Fett verbucht. So rutscht ein Bodybuilder schon mal in die Kategorie „Übergewicht", obwohl er kaum Fett auf den Rippen hat. Der Unterschied lässt sich zwar beim Bodybuilder leicht erkennen – nicht aber bei „kräftigen" Typen.

Zudem ist mittlerweile bekannt, dass eine gute Fitness einen hohen BMI, ja sogar ein Polster am Bauch ausgleichen kann.

Umgekehrt können sich Normalgewichtige nicht zurücklehnen: Insulinresistenz und damit einhergehende Gefäßveränderungen treffen nicht nur Übergewichtige, sondern vor allem auch Raucherinnen, die sich kaum bewegen. Einige Mediziner vermuten darum, dass nicht die Fettmasse, sondern die Muskelmasse entscheidend für die Gesundheit ist.

Wenn der Jojo-Effekt zuschlägt

Aus diesen Gründen gelingt es Forschern auch nicht, das Abspecken als eindeutige Gesundheitsgarantie zu etablieren. Studienteilnehmer, die sich ein paar Pfunde weghungerten, konnten zwar meist ihre Blutwerte verbessern und den Blutdruck senken. Allerdings kann Abnehmen auch negative Wirkungen haben – vor allem, wenn das niedrige Gewicht nicht gehalten wird.

Das ist jedoch eher der Normalfall, denn nach einer Abmagerungskur stellt sich meist schnell der Jojo-Effekt ein. Viele Betroffenen schaukeln sich so über die Jahre in immer höhere Gewichtsklassen – die Wissenschaft spricht vom „Weight cycling". Einige Studien deuten darauf hin, dass dieses Auf und Ab viel schädlicher für die Gesundheit sein könnte als ein stabiles Übergewicht. So leiden Betroffene häufiger an Bluthochdruck, Herzkrankheiten, Gallensteinen, Gebärmutter- und Nierenzellkrebs sowie Osteoporose. Auch die Sterberate von Weight-Cyclern ist erhöht.

Body-Mass-Index

Kategorie	BMI
Untergewicht	< 18,5
Normalgewicht	18.5 – 24.9
Übergewicht	25 – 29.9
Adipositas	BMI von 30 oder mehr

Gefahr „Body-Shaming"

Jojo-Effekt und Übergewicht setzen zudem auch dem Selbstwertgefühl erheblich zu. „Ich bin schuld", „ich bin hilflos", „ich habe versagt" – so lauten dann die Selbstvorwürfe. Vor allem Frauen fühlen sich dadurch weniger attraktiv. Zudem bleiben Gewichtsschwankungen – also das vermeintliche Unvermögen, seine Körpermaße zu kontrollieren – der Umwelt nicht verborgen. Viele Mitmenschen reagieren mit schiefen Blicken oder dummen Kommentaren. Übergewichtige gelten als Menschen, die sich nicht zügeln können – und das bleibt nicht folgenlos: Aktuelle Studien belegen, dass adipöse Menschen ein um etwa 50 Prozent erhöhtes Depressionsrisiko haben. Auch Angststörungen treffen Menschen mit Übergewicht häufiger.

AUF DER STELLE LAUFEN?

Ein Steinzeitmensch legte pro Tag schon mal 40 bis 50 Kilometer zurück – schon ein **BRUCHTEIL** davon reicht, um gesund zu bleiben.

Sport ist gesund – und auch **KOSTENLOS** zu haben. Bereits Spaziergänge und Nordic Walking an der frischen Luft halten fit.

SPORT IST EIN LEBENSELIXIER. Den Körper zu ertüchtigen, schützt Menschen aller Altersgruppen vor Übergewicht, Diabetes, Herz-Kreislauf-Krankheiten, Osteoporose, Depressionen, Alzheimer und etlichen Krebsarten. Sportliche Aktivität anstelle des lange Jahre beschworenen Schonens kann auch bei bereits bestehenden Krankheiten wie Brustkrebs und Herzleiden die Prognose verbessern. Trainiert werden sollte mindestens 75 Minuten pro Woche – egal ob Ausdauer- oder Kraftsport. Wichtig: Die beste Sportart ist die, die man wirklich ausübt!

TREPPENSTEIGEN!

UM DIE VERJÜNGENDE WIRKUNG des Sports zu erfahren, ist kein Abo im Fitnessstudio nötig. Schon Alltagsaktivitäten haben einen erheblichen Effekt, zum Beispiel indem man mit dem Fahrrad statt dem Auto zur Arbeit fährt, regelmäßig im Garten arbeitet oder statt dem Fahrstuhl stets die Treppe nimmt. Wer sich auf diese Weise 150 Minuten pro Woche moderat bewegt, kann etwa seinen systolischen Blutdruck – also den ersten Wert der Messung – um 4 mmHg vermindern. Das schaffen selbst Medikamente gegen Bluthochdruck oft nicht besser.

FISCH IN DER KAPSEL?

IN DER ARKTIS LEBENDE INUIT leiden nachweislich seltener an Herzkrankheiten. Ursache soll ihr Speiseplan sein. Darauf stehen viel Robbenfleisch und Seefisch – und damit die langkettigen Omega-3-Fettsäuren DHA und EPA. Um auch Menschen fernab Kanadas und Grönlands damit zu versorgen, bieten Drogeriemärkte Fischölkapseln an. Eine Wirkung auf gesunde Menschen war bislang nicht nachweisbar. Zwar benötigt unser Körper langkettige Fette, kann diese jedoch aus Alpha-Linolensäure – wie sie etwa Rapsöl liefert – selbst herstellen.

FISCH AUF DEM TELLER!

FISCH IST GESUND. Er liefert hochwertiges und leicht verdauliches Eiweiß, dazu Mineralstoffe wie Selen und Jod, B-Vitamine und Vitamin D sowie – je nach Fischart – Omega-3-Fettsäuren. Die braucht der Körper als Baustein für Nervenzellen und Botenstoffe, die etwa die Blutgerinnung sowie Entzündungsprozesse beeinflussen. Die Deutsche Gesellschaft für Ernährung empfiehlt ein bis zwei Fischmahlzeiten pro Woche. Besonders reich an Omega-3-Fetten sind Salzwasserarten wie Sardinen, Hering, Lachs, Makrele und Thunfisch.

WARENKUNDE SÜSSWASSERFISCHE

Für seine Leibspeise versetzte der römische Feinschmecker Lukullus Berge: Nahe seinem Landsitz ließ er mehrere Hügel abtragen, um Fischbecken anlegen zu lassen. Heute wissen wir: Fisch ist nicht nur lecker, sondern auch gesund. Nicht immer muss es fetter Seefisch sein – schließlich sind die Bestände überfischt und können Schwermetalle enthalten. Süßwasserfische sind zwar ärmer an Jod. Zum Vergleich: In 100 Gramm Seelachs stecken bis zu 260 Mikrogramm Jod, in derselben Menge Karpfen magere 2 Mikrogramm. Allerdings liefert Süßwasserfisch in etwa so viele Omega-3-Fettsäuren wie fettarmer Seefisch, zudem wertvolles Eiweiß, Mineralstoffe wie etwa Selen sowie Vitamin D und B-Vitamine.

Forelle

Mit nur drei Prozent Fett zählen diese Vertreter der Lachsartigen (Salmoniden) zu den fettärmsten. Trotzdem liefert eine wöchentliche 200-Gramm-Portion Forelle bereits die pro Tag empfohlene Menge von 0,25 Gramm der langkettigen Fisch-Fettsäuren. Zudem ist Forelle reich an Vitamin B_{12}. Ihr Eiweißgehalt liegt wie der der meisten Süßwasserfische bei 20 Prozent. Forellenfleisch sollte schnell verzehrt werden, da sich der Geschmack bei zu langer Lagerung verflüchtigt. Gräten sind leicht zu entfernen.

Vergleich Forellenbestände sind in schlechtem Zustand. Darum ökologisch erzeugten Zuchtfisch bevorzugen.

Hecht

Der imposante Raubfisch kann bis zu 1,5 Meter lang werden. Er besitzt mageres, weißes Fleisch, das zu 18 Prozent aus Eiweiß besteht. Fischeiweiß ist generell leicht verdaulich, da es einen geringen Anteil an Bindegewebe aufweist. Wie viele Süßwasserfische liefert auch der Hecht sehr schmackhaftes Fleisch. Es weist lediglich einen Makel auf: Die große Anzahl an Zwischenmuskelgräten, die fest im Muskelfleisch verankert sind, trübt die Freude am Verzehr. Daher wird er oft verarbeitet, etwa als Hechtklößchen, angeboten.

Wohnort Der Hecht lebt meist in fließenden Gewässern oder Seen auf der gesamten Nordhalbkugel.

Karpfen

Der im Sand- und Schlammgrund lebende Speisefisch gehört zu den Urahnen seiner Gattung. Er liefert rund 5 Prozent Fett, damit zählt er zu den mittelfetten Fischen. In 100 Gramm Karpfenfleisch steckt aber immerhin auch 0,3 Gramm Omega-3-Fettsäuren. Sein Eiweißgehalt liegt bei 18 Prozent. Fischfleisch liefert viele unentbehrliche Aminosäuren wie Valin und Lysin. Karpfenfleisch ist bissfest und aromatisch. In den Handel kommen hauptsächlich Zuchtkarpfen. Manchmal können viele Gräten den Esskomfort erschweren.

Geschmack Karpfen stammen meist aus der Zucht. So wird verhindert, dass ihr Fleisch modrig schmeckt.

Saibling

Auch der Saibling zählt mit 4 Gramm Fett pro 100 Gramm zu den mittelfetten Fischen. Von diesen 4 Gramm entfallen 0,5 Gramm auf langkettige Fettsäuren. Auch der Eiweißgehalt ist mit 19 Prozent recht hoch. Zudem stecken in Saibling Zink, B-Vitamine und Vitamin D. 100 Gramm Saiblingsfilet liefern etwa die gesamte Tagesration an Vitamin B_{12}. Saiblinge sind nahe Verwandte der Lachse. Sie leben wild in kalten Seen und Bächen, kommen aber auch in Küstengewässern vor. Außerdem gibt es Saibling aus der Zucht.

Zubereitung Saibling schmeckt sowohl gebraten, gegrillt als auch pochiert und geräuchert.

Zander

Der grätenarme Süßwasserfisch besitzt weißes Fleisch und weist einen Fettgehalt von unter einem Prozent auf. Daher liefert er auch nur wenige Omega-3-Fettsäuren. Bei Selen und B-Vitaminen schneidet Zanderfleisch gut ab, ansonsten liegt er in Sachen Nährwerte im mittleren Bereich. Aufgrund seines festen Fleisches und feinen Geschmacks zählt Zander mit zum Besten, was heimische Gewässer zu bieten haben. Man kann ihn kochen, dünsten, backen und grillen.

Die Zanderbestände sind in vielen Fangebieten überfischt. Daher lieber Zander aus europäischen Binnengewässern kaufen oder auf das MSC-Siegel achten.

FISCH VERLIEBT?

SIE MÖGEN FISCH, haben aber keine Lust auf Gräten? Greifen Sie zu Filets – die sind bei vielen Fischarten praktisch grätenfrei.

Frühlingszwiebel

Ihre Aromen stammen aus gesunden Schwefelverbindungen wie Allicin. Vor allem der grüne Teil ist wertvoll. Nicht länger als fünf Tage im Kühlschrank lagern!

Petersilienwurzel

Petersilienwurzeln sehen zwar ähnlich aus wie Pastinaken, sind jedoch weniger süß und schmecken eher würzig.

KLARES ZANDERSÜPPCHEN MIT OLIVEN-BAGUETTE

Für 2 Portionen:

1 Möhre
1 Petersilienwurzel
3 Frühlingszwiebeln
250 g Zanderfilet
750 ml Fischfond oder Gemüsebrühe
Salz, Pfeffer
1 Bio-Zitrone
1 Baguettebrötchen
3 EL schwarze Oliven

Pro Portion: 323 kcal, 7 g F, 30 g KH, 7 g B, 31 g E

1 Möhre und Petersilienwurzel schälen und in feine Streifen schneiden. Frühlingszwiebeln putzen und in feine Ringe, das Zanderfilet in mundgerechte Stücke schneiden.
2 Fischfond aufkochen. Das Gemüse etwa 5 Minuten köcheln lassen. Frühlingszwiebeln und Fisch zugeben und bei ganz schwacher Hitze 5 Minuten ziehen lassen. Mit wenig Salz und Pfeffer abschmecken.
3 Zitrone waschen, trocknen und 2 TL Schale abreiben. Oliven fein hacken und mit Zitronenabrieb mischen. Das Brötchen in Scheiben schneiden, mit der Olivenpaste bestreichen und zur Suppe servieren.

Variante: Ist das Gemüse nicht ganz so fein geschnitten, verlängert sich die Garzeit.

Tipp: Mit einem Hauch Safran gerät die Suppe besonders köstlich. Wer mag, verfeinert das Süppchen noch mit 3 bis 4 EL Weißwein oder Wermut.

SAIBLINGSFILET AUF ERBSENSTAMPF

Für 2 Portionen

1 Kartoffel
300 g Erbsen (frisch oder TK)
Salz, Pfeffer
300 g Saiblingsfilet
2 EL Butter
2 EL Zitronensaft
¼ Salatgurke
2 Stängel Minze

Pro Portion: 440 kcal, 16 g F, 26 g KH, 9 g B, 40 g E

1 Kartoffel schälen und fein würfeln, mit den Erbsen in Salzwasser 10 Minuten garen. Fischfilet mit Salz und Pfeffer würzen. Butter und Zitronensaft in einem flachen Topf erhitzen, den Saibling zugeben und zugedeckt bei mittlerer Hitze 3 Minuten garen. Den Topf beiseiteziehen und nachgaren lassen, bis das Püree fertig ist.
2 Die Gurke fein würfeln, die Minze waschen, trocken schütteln und die Blättchen abzupfen. Die Minzblättchen in feine Streifen schneiden. Die Erbsen abgießen und mit einem Kartoffelstampfer grob zerkleinern. Die Hälfte der Minze unterheben, eventuell nochmal abschmecken. Püree und Saibling auf Tellern anrichten, mit Minze und Gurkenstückchen bestreuen, mit der Zitronenbutter beträufeln.

Tipp: Wer den intensiven Minzgeschmack nicht mag, verwendet statt dessen Petersilie, Schnittlauch oder Basilikum.

ALGEN – GUTES AUS DEM MEER

ZUGEGEBEN, ALGEN SIND GEWÖHNUNGSBEDÜRFTIG. Doch bereits kleine Mengen – etwa als Bestandteil von Sushi oder als Suppeneinlage – liefern wertvolle Nährstoffe.

Wakame

Die Braunalge liefert besonders viel Provitamin A, Folat und Ballaststoffe, zudem pro 100 Gramm 14 Gramm Eiweiß und 1 Gramm Kalzium.

Hijiki

Hijiki-Algen stecken voller Ballast- und Mineralstoffe wie Kalzium (1,4 Gramm) und Eisen (29 Milligramm).

Dulse

Wird in Irland und Frankreich angebaut. Liefert viel Eisen, Vitamine und die Omega-3-Fettsäure EPA.

Nori

Zählt zu den Rotalgen und ist reich an Folat, Kalzium und Eisen. In Nori steckt zudem Vitamin B_{12} – ob in verwertbarer Form, ist jedoch umstritten.

BEREITS VOR 14 000 JAHREN standen Algen im heutigen Chile auf dem Speiseplan des Homo sapiens. Auch die Azteken schöpften Mikroalgen von der Oberfläche von Seen und verbuken sie mit Mais zu grünen Fladen. Heute werden vor allem in Asien rund 150 Algenarten gegessen. Hierzulande am bekanntesten ist die Nori-Alge, mit der Sushirollen umwickelt werden. Algen werden auch als möglicher Eiweißlieferant gehandelt, wenn es darum geht, im Jahr 2050 neun Milliarden Menschen zu ernähren. Zudem liefern sie Omega-3-Fettsäuren, Ballaststoffe (Fucoidan) und bioaktive Substanzen (z. B. Chlorophyll), die möglicherweise vor Herzkrankheiten, Diabetes oder Krebs schützen. Leider sind Algen teilweise mit Schwermetallen wie Blei belastet und enthalten zu viel Jod. Sie sollten deshalb nicht jeden Tag auf den Tisch kommen.

- **Makroalgen:** Mehrzellige Pflanzen, wie zum Beispiel Dulse, Nori, Wakame, Kombu, Hijiki und Arame.
- **Mikroalgen:** Einzellige Algen wie Spirulina und Chlorella.

CLEVER JAPANISCH

JAPANER HABEN WELTWEIT die höchste Lebenserwartung – liegt das am Essen?

Reis

In Japan kommt vor allem weißer Rundkornreis auf den Tisch. Insgesamt essen Japaner nur moderate Mengen und trinken wenig Alkohol.

Algen

Algen machen immerhin 10 Prozent der Ernährung aus. Zu viel Jod kann Japanern nichts anhaben, da sie praktisch resistent sind. Diskutiert wird, ob Algen der Grund für die geringe Brustkrebsrate sind.

Fisch

Thunfisch, Aal, Kabeljau & Co., teils roh genossen, halten Japaner offenbar jung. Forscher fanden 2016 heraus, dass der Fischkonsum zumindest zum Teil die hohe Lebenserwartung erklärt.

Soja-Produkte

Tofu, Tempeh, Miso, Natto – Sojaprodukte sind allgegenwärtig. Dank ihrer Phytoöstrogene beugen Soja-Produkte – von Kindesbeinen an verzehrt – eventuell Krebs vor.

Grüner Tee

Bancha, Gyokuro, Sencha – in Japan ist grüner Tee mehr als ein Getränk. Die Teezeremonie vermittelt Harmonie und Respekt für Mitmenschen, Reinheit des Herzens und des Verstandes. Katechine im Grüntee gelten als besonders gesund.

Wasser und ungesüßte Tees sind die besten Durstlöscher. Zuckerhaltige Getränke wie Eistee und Softdrinks erkennt der Körper nicht als Energiequelle, daher können sie auf Dauer zu Übergewicht und Diabetes führen. Gegen Süßigkeiten ist nichts einzuwenden, solange man nicht zu viel davon isst.

GETRÄNKE UND SÜSSES

NACH PLAN?

WASSERKUREN KENNT MAN in Deutschland schon seit 1836. Damals erschien ein Buch über die Heilerfolge des „Wasserdoktors" Vinzenz Prießnitz. Auch heute versorgen sich Gesundheitsbewusste laufend mit Flüssigkeit. Mindestens zwei, besser drei Liter täglich lautet das Mantra. Das soll vor Übergewicht, Gallenleiden, Herzkrankheiten oder Krebs schützen. Ob das etwas bringt, ist nicht bewiesen. Die Deutsche Gesellschaft für Ernährung hält für erwachsene Büroarbeiter und hiesiges Klima 1,5 Liter an Getränken für ausreichend.

NACH GEFÜHL!

Die Deutschen nehmen statistisch gesehen **AUSREICHEND** Flüssigkeit auf. Am besten zu jeder Mahlzeit und zwischendurch trinken.

KLEINKINDER sollten über den Tag verteilt 6 kleine Gläser Wasser (0,8 Liter) trinken, Senioren insgesamt 1,3 bis 1,5 Liter.

VIELE MENSCHEN ZWEIFELN DARAN, dass ihr Durstgefühl ein verlässlicher Indikator für Wassermangel ist. Dabei ist Durst für gesunde Erwachsene sehr wohl ein sicheres Signal. Schon nach 0,5 Prozent Flüssigkeitsverlust setzt unser Körper Wassersparmechanismen in Gang – ein ausgeklügeltes System, das Säugetiere seit 250 Millionen Jahren vor dem Austrocknen bewahrt. Da Senioren mit fortschreitendem Alter ihr Durstgefühl einbüßen, sollten sie ans Trinken erinnert werden. Das gilt auch für Kinder, die etwa beim Spielen abgelenkt sind.

IRRTÜMER ÜBERS TRINKEN

Um das Thema „Trinken“ ranken sich fast noch mehr Halbwahrheiten und Mythen als um feste Nahrung. Das liegt auch daran, dass das Trinken weniger gut erforscht ist.

1. Nicht beim Essen trinken

Im Gegenteil: Damit der Körper die Nährstoffe gut verwerten kann, sollte man gleichzeitig essen und trinken. Um 1 Gramm Kohlenhydrate, etwa aus Kartoffeln, in die Glykogen-Speicher der Muskeln einzulagern, braucht der Körper das Dreifache an Wasser. Zudem vermittelt Trinken zum Essen ein gutes Sättigungsgefühl. Immer wieder wird auch behauptet, Flüssigkeit verdünne die Verdauungssäfte so stark, dass sie nicht mehr wirken könnten. Das ist falsch. Durch unseren Verdauungstrakt fließen mehrere Liter Flüssigkeit aus Magen, Darm, Bauchspeicheldrüse und Galle. Diese lassen sich durch eine geringe Flüssigkeitszufuhr, wie etwa 300 Milliliter getrunkenes Wasser, kaum nennenswert verdünnen.

2. Zu viel trinken ist unmöglich

Falsch. Vor allem Marathonläufer kennen die schwerwiegenden Folgen einer Überdosis Wasser. Trinken sie an jeder Wasserstation, riskieren sie starke Kreislaufprobleme bis hin zu Bewusstlosigkeit. Sogar Todesfälle sind bereits aufgetreten. Wichtig: Wer zu viel trinkt, scheidet mit dem Schweiß zu viel Natrium aus. Folge: Das Gehirn wird „überschwemmt“, dadurch steigt der Hirndruck gefährlich an. Sportler sollten daher vor dem Wettkampf ihre individuelle Trinkmenge ermitteln. Erfahrene Wanderer knabbern salzige Nüsse, um Natriumverlusten vorzubeugen.

3. Bei Erkältung viel trinken

Hinter dem beliebten ärztlichen Rat steckt die Annahme, dass sich der schwer lösliche Schleim in Lunge und Nasen-Rachen-Raum durch Getränke verflüssigt, dadurch besser ausgeschieden werden kann – und die darin enthaltenen Bakterien und Viren gleich mit. Dass ein Plus an Flüssigkeit die Erkältungsdauer verkürzt, lässt sich anhand von Studien allerdings nicht belegen. Wer jedoch zusätzlich Fieber hat und schwitzt, sollte diesen Verlust ausgleichen. Allerdings reichen dafür insgesamt 2 bis 2,5 Liter am Tag. Größere Mengen können gerade bei einer Bronchitis oder Lungenentzündung gefährliche Auswirkungen haben.

4. Wer verstopft ist, trinkt zu wenig

Bei Wassermangel können Menschen zwar nicht mehr regelmäßig auf die Toilette gehen – trotzdem ist der Umkehrschluss falsch. Auch Menschen, die reichlich trinken – sprich: gut hydriert sind – können Verstopfung bekommen. So ließ sich in epidemiologischen Studien bislang nicht belegen, dass ausreichendes Trinken der Garant für eine rege Darmaktivität ist.

5. Energydrinks sind ungefährlich

Das stimmt nicht. Die Gefahr besteht darin, dass Energydrinks viel Koffein liefern. Als Kaltgetränke werden sie jedoch schneller und in größeren Mengen konsumiert als Kaffee, der eine ähnliche Koffeinmenge enthält. Mögliche Folgen sind Herzrasen, Übelkeit und Krämpfe. Erwachsene Vieltrinker erkranken außerdem häufiger an Bluthochdruck und Typ-2-Diabetes. Schwangere sollten keinerlei Energydrinks zu sich nehmen, da sie das Risiko einer Fehl- und Frühgeburt erhöhen. Schließlich setzen alkoholische Energydrinks das Gefühl dafür herab, betrunken zu sein. Betroffene fahren dann häufiger alkoholisiert Auto, konsumieren insgesamt mehr Alkohol und Drogen und werden öfter gewalttätig.

6. Eiskaltes Wasser ist ungesund

Das stimmt teilweise. Normalerweise kann unser Körper Temperaturunterschiede gut ausgleichen. Allerdings kann eisgekühltes Wasser den Magen empfindlicher Personen „erschrecken" und Beschwerden bereiten. Im Sommer haben kalte Getränke einen weiteren Nachteil: Der Körper verbraucht Energie, um die Flüssigkeit auf Körpertemperatur zu bringen und heizt so auf. Man schwitzt also noch mehr, obwohl man Abkühlung bräuchte. Ein warmer Tee ist darum bei Rekordtemperaturen sinnvoller.

7. Wasser kann „schlecht" werden

In stillem Mineralwasser können sich Mikroben ansiedeln, die vor allem zu Magen-Darm-Beschwerden führen. Eine angebrochene Flasche hält sich deshalb im Kühlschrank nur rund drei Tage. Wer stilles Wasser oder Leitungswasser aus der Flasche trinkt, sollte dieses noch am selben Tag aufbrauchen – andernfalls könnten Bakterien aus dem Mund ins Wasser übergehen und sich dort schnell vermehren. Kohlensäure in Mineralwasser tötet Keime hingegen wirkungsvoll ab.

8. Leitungswasser ist ungesund

Das ist Unsinn. Deutschland stellt in seiner Trinkwasserverordnung im internationalen Vergleich mit die höchsten Anforderungen an das Wasser, das die kommunalen Filteranlagen verlässt und beim Verbraucher aus dem Hahn läuft. Trotzdem kann es vereinzelt zu Kontaminationen kommen, die vor allem für Kinder und Schwangere gefährlich sind. Das ist etwa dann der Fall, wenn das Wasser auf seinem Weg durch alte Blei- oder Kupferrohre fließt. Ein Test des Versorgers kann Aufschluss darüber geben.

FRUCHTSAFT?

SÄFTE GELTEN ALS GESUND, schließlich liefern sie Vitamin C und Folat. Der von Natur aus enthaltene Zucker ist allerdings in Misskredit geraten. Der Grund: 200 Milliliter Saft, also ein Glas, liefern bereits rund 20 Gramm Zucker und 100 Kilokalorien. Zu Diabetes und Übergewicht führt folglich nicht nur regelmäßiger Konsum von Limonade, Cola & Co., sondern wahrscheinlich auch eine Vorliebe für Fruchtsäfte. Hinzu kommt, dass große Mengen an Zucker und Fruchtsäuren das Kariesrisiko erhöhen können – vor allem über den Tag verteilt getrunken.

FRUCHTSCHORLE!

SÄFTE SOLLTEN STETS VERDÜNNT durch die Kehle rinnen. Purer Saft enthält viele Kalorien, macht aber nicht satt. Die aufgenommenen Kalorien lassen sich auch nicht an anderer Stelle leicht wieder einsparen. Im Gegenteil: Zuckerhaltige Getränke regen den Appetit noch an, weil der in ihnen enthaltene Zucker den Blutzucker erst erhöht, dann wieder senkt. Das signalisiert uns: Hunger! Mediziner raten deshalb dazu, Fruchtsaft im Verhältnis von 1:3 mit Wasser zu mischen – Nektar aufgrund seines noch höheren Zuckergehalts mindestens 1:4.

SOMMERLICHE LIMONADEN

LUST AUF LIMO? Kein Problem, immer nur Wasser ist langweilig. In selbst gemachten Getränken lässt sich die Zuckermenge beliebig steuern.

Rhabarber

Das Staudengemüse enthält Kalium, Vitamin C und organische Säuren. Es lässt sich, als Chutney eingemacht, auch gut zu Fleisch oder Käse reichen.

Holunder

Die Blüten lassen sich von Mai bis Juli ernten. Holunderblütentee soll gegen grippale Infekte helfen, Viren abtöten und Fieber senken. Die Beeren liefern Farbstoffe und Vitamin C.

Grüner Tee

Es gibt verschiedene Sorten, die sich geschmacklich stark unterscheiden. Sencha schmeckt mild-grasig, Gyokuro herzhaft-süß, Gunpowder kräftig-rauchig.

HUGO-SIRUP

Für ½ Liter:
8–10 Holunderblüten
2 Bio-Limetten
½ Bund Minze
300 g Zucker

Pro Portion (2 EL): 49 kcal, 0 g F, 12 g KH, 0 g B, 0 g E

1 Die Holunderblüten ausschütteln und nach Insekten absuchen, nicht waschen. Limetten waschen, trocken reiben, mit einem Sparschäler dünn abschälen, halbieren und auspressen. Minze waschen, trocken schütteln.
2 Minze, Limettensaft und -abrieb sowie Holunderblüten in ein ausreichend großes Gefäß geben. Zucker und 500 ml Wasser aufkochen und über die eingeschichteten Zutaten gießen. Abgedeckt 3 Tage kühl stehen lassen.
3 Den Sirup durch ein feines Sieb abgießen und in eine saubere Flasche füllen.

Tipp: In jedes Glas ca. 2 Esslöffel Sirup geben und mit Mineralwasser auffüllen. Wer mag, gibt frische Minze und eine Limettenscheibe dazu.

GREENTEA-SANGRIA

Für 1 Liter:
2–3 Beutel grüner Tee
(oder 2–3 TL loser Tee)
2–3 EL Ahornsirup
1 Bio-Orange
1 Bio-Zitrone
1 Zimtstange

Pro Glas (200 ml): 15 kcal, 0 g F, 3 g KH, 0 g B, 0 g E

1 1 Liter Wasser aufkochen und 5 Minuten abkühlen lassen. Den grünen Tee damit aufgießen und 1 bis 2 Minuten ziehen lassen. Den Tee mit Ahornsirup süßen und lauwarm abkühlen lassen.
2 Orange und Zitrone waschen und halbieren. Je eine Hälfte auspressen, die andere in dünne Scheiben schneiden. Saft und Früchte mit der Zimtstange in eine Karaffe geben und mit Eistee auffüllen. Mindestens 1 Stunde im Kühlschrank durchziehen lassen.

Tipp: Schmeckt auch mit Pfirsichen oder Äpfeln köstlich. Für würzigen Genuss die Sangria mit Sternanis und zwei Nelken aromatisieren.

RHABARBER-VANILLE-LIMO

Für 1,5 Liter:
1 kg Rhabarber
½ Vanilleschote
80–100 g Honig
1 Zitrone
1 Flasche Mineralwasser

Pro Glas (200 ml): 44 kcal, 0 g F, 9 g KH, 0 g B, 0 g E

1 Den Rhabarber waschen, putzen und fein schneiden. Die Vanilleschote längs aufschneiden und mit dem Messerrücken das Mark herausschaben. Rhabarber, Vanillemark und -schote in einen Topf geben, mit 750 Milliliter Wasser auffüllen und aufkochen.
2 Zugedeckt 15 Minuten sanft köcheln. Den Rhabarber in ein feines Sieb geben und den Saft auffangen, den Honig darin auflösen. Die Zitrone auspressen und zum Rhabarbersaft geben. Den Saft gut im Kühlschrank durchkühlen lassen und mit dem eiskalten Mineralwasser auffüllen.

Tipp: Für einen besonderen Schärfekick ein Stück Ingwer mitkochen lassen.

TEESTUNDE

AUCH OHNE ZEREMONIE. Eine Tasse Tee beruhigt und wärmt – und ist gut für die Gesundheit.

Grüner Tee

Da Grünteeblätter nicht fermentiert werden, bleiben Katechine und Chlorophyll erhalten.

Schwarzer Tee

Seine Polyphenole verhindern Cholesterinablagerungen in Gefäßen und beruhigen Magen und Darm. Das Spurenelement Fluorid schützt vor Karies.

Rooibostee

Stammt aus Südafrika und enthält im Gegensatz zu schwarzem Tee kein Koffein und weniger Polyphenole. Dafür ist er weicher im Geschmack.

Mate-Tee

Der aus Südamerika stammende, rauchig schmeckende Tee enthält Koffein, phenolische Säuren und Flavonoide.

SCHWARZER UND GRÜNER TEE werden aus Blättern des Teestrauches (Camellia sinensis) gewonnen. Vermutlich stammt die Teekultur aus China und gelangte erst im 17. Jahrhundert nach Europa. Kräutertees wurden hierzulande schon lange vorher geschätzt, allerdings eher als Medizin denn als Alltagsgetränk. Heute liegt Teetrinken im Trend, ist Teil eines Lebensstils, der von Entspannung, Gesundheit und Individualität geprägt ist. So trank jeder Bundesbürger im Jahr 2016 ganze 28 Liter Tee – laut Teeverband ein „Allzeithoch".

- **Lauwarm:** Tees sollten generell nicht zu heiß getrunken werden. Sehr heiße Getränke erhöhen das Risiko für Krebs an Speiseröhre und Magen.
- **Zuckerbombe:** Finger weg von fertigem Eistee! Er enthält große Mengen Zucker. Eistee lieber selbst aus schwarzem Tee, Zitronensaft und wenig Zucker oder Saft mischen.
- **Rückstände:** Da in Tees – auch in Bio-Sorten – immer wieder „Giftstoffe" gefunden werden, sollte man Sorten und Anbieter abwechseln.

KOFFEINVERZICHT?

Koffein steckt auch in Tee, konkret: 200 mg **KOFFEIN** in 4 bis 5 Tassen. Das gilt übrigens auch für Grüntee.

ACHTUNG!

Instant-Kaffee enthält keine Kalorien. Cappuccinopulver liefert dagegen bis zu 60 Prozent Zucker.

KAFFEE GALT LANGE ALS GIFT. Neuere Studien können dies jedoch nicht bestätigen. Laut International Agency for Research on Cancer (IARC) ist er auch nicht krebsfördernd. Bluthochdruck, Osteoporose, Refluxkrankheit und Magengeschwüre gehen ebenso sicher nicht auf sein Konto. Mediziner warnen allerdings vor übermäßigem Genuss. Denn klar ist, dass ein Zuviel an Koffein toxisch ist und etwa zu Herzrhythmusstörungen und Kurzatmigkeit führen kann. Als ungefährlich gelten 400 Milligramm Koffein, also vier Tassen über den Tag verteilt.

KAFFEEGENUSS!

IN MASSEN GENOSSEN IST KAFFEE vermutlich sogar gesund. Sicher ist, dass er kurzfristig wach macht. Darüber hinaus besitzt Kaffee Langzeitwirkungen. So wird Kaffeetrinkern eine bessere Gesundheit bescheinigt als Abstinenzlern. Das schwarze Gebräu soll vor Herz- und Leberkrankheiten, Übergewicht und Diabetes schützen. Auch Parkinson, Alzheimer und Depressionen werden bei Kaffeefans seltener diagnostiziert. Dass manche Menschen schon auf kleinere Mengen mit Herzrasen und Übelkeit reagieren, liegt in ihren Genen begründet.

ALKOHOL: EIN GLAS IST OKAY, ABER NICHT TÄGLICH

Ein Glas Rotwein am Tag gilt vielen Wissenschaftlern als Herzschutz par excellence. Vor allem das in Rotwein enthaltene Resveratrol, das zu den sekundären Pflanzenstoffen gehört, steht im Ruf, die Gefäße geschmeidig zu halten. Doch wie so oft in der Ernährungswissenschaft ist die Sache nicht so einfach und die Mediziner sind sich darum nicht einig. Gewiss lassen viele epidemiologische Studien der letzten 40 Jahre vermuten, dass ein maßvoller Konsum von Rotwein das Risiko reduziert, an Herzleiden, Schlaganfall oder Diabetes zu erkranken – und damit länger zu leben.

Maßvoll: Ein Glas pro Tag

Auch die Mechanismen des Herzschutzes sind klar: Alkohol erhöht das gute HDL-Cholesterin und verdünnt das Blut, sodass Gerinnsel weniger leicht entstehen können. Laut Weltgesundheitsorganisation (WHO) und diversen anderen Fachgesellschaften gelten für Frauen 10 Gramm Alkohol noch als maßvoll, für Männer doppelt so viel. 10 Gramm Alkohol – das sind 4 Zentiliter Schnaps, ein Viertelliter Bier oder ein Achtelliter Wein.

Auch Bier schützt das Herz

Ob Alkohol zum Essen gereicht oder ohne feste Nahrung genossen wird, scheint zumindest für den Herzschutz egal zu sein – auch wenn Wein in der „Mediterranen Diät" stets gemeinsam mit Speisen getrunken wird. Für das Herz unerheblich ist zudem, ob die Wochenration regelmäßig über sieben Tage verteilt konsumiert wird oder ob alkoholfreie Tage eingelegt werden. Und schließlich spielt es auch keine Rolle, in Form welcher Getränke der Alkohol genossen wird. Die günstigen Auswirkungen gelten nicht nur für Rotwein, sondern ebenso für die von gesundheitsbewussten Laien oft geächteten Getränke Bier und Schnaps.

Resveratrol floppt

Liegt es also gar nicht am Resveratrol? Für Menschen fehlen zwar robuste klinische Studien, die eine präventive Wirkung belegen würden. Doch im Tierversuch konnte die Substanz Gefäßverkalkungen verhindern. In In-vitro-Studien zeigte sich außerdem, dass Resveratrol Entzündungen hemmt, Krebszellen stoppt und dem Körper eine Kalorienrestriktion vorgaukelt.

Diese Kalorienrestriktion wiederum ist eine der am besten untersuchten Methoden, den Alterungsprozess zu bremsen. Doch auch hier fehlen Beweise durch Humanstudien. Möglicherweise gelangt das Resveratrol nicht in ausreichenden Mengen vom Darm ins Blut. Dass sich der Mythos vom Rotwein als gesündestem alkoholischen Getränk so hartnäckig hält, ist vor allem der Weinindustrie zu verdanken. Diese finanzierte schon die ersten Studien zum Gesundheitswert von Wein.

Neue Empfehlung

Diese Vorteile für das Herz sehen jedoch mittlerweile viele Experten als so gering an, dass etwa die Deutsche Gesellschaft für Ernährung (DGE) ihre Empfehlungen geändert hat. Bislang hatte sie den Genuss von Alkohol gelegentlich und in geringen Mengen als gesund und ungefährlich angesehen.

Seit Kurzem heißt es nun: „Alkoholische Getränke sind nicht empfehlenswert." Erstens enthielten diese viele Kalorien. Zusätzlich fördere Alkohol die Entstehung von Krebs und sei mit weiteren gesundheitlichen Risiken verbunden.

Das ist längst nicht jedem bekannt. Die Gefahren des Alkohols werden tendenziell unterschätzt, weil Wein, Bier & Co. bei uns eine gesellschaftlich akzeptierte Droge darstellen. Fest steht jedoch: Für viele Menschen ist Alkohol kein Genuss-, sondern ein Suchtmittel.

Erhebliche Schäden bei Zuviel

Bei einem Zuviel an alkoholischen Getränken können Leberzirrhose und Leberkrebs die Folge sein – außerdem drohen Bluthochdruck und Herzmuskelerkrankungen, Entzündungen von Bauchspeicheldrüse und Magen sowie Intelligenzverlust und Persönlichkeitsveränderungen.

Doch auch bei mäßigem, herzschützendem Genuss steigt das Risiko für Krebserkrankungen. So sollen rund 30 Prozent aller Krebserkrankungen, die als Folge von Alkohol entstehen, durch den täglichen Konsum von weniger als 20 Gramm zustande kommen. Eine mögliche Erklärung dafür: Weil die Leber bevorzugt Alkohol abbaut, kommt sie nicht mehr mit der Entgiftung kanzerogener Stoffe nach.

Gefährlich wird das tägliche Gläschen demnach vor allem, wenn dazu geraucht wird – die Risikoerhöhung für die einzelnen Tumorarten ist dann stärker als die simple Aufrechnung der Einzelrisiken.

Alkoholfreie Tage wichtig

Rechnet man Vor- und Nachteile gegeneinander auf, halten die meisten Experten den Netto-Effekt von moderatem Trinken zwar für negativ. Trotzdem meinen auch Suchtexperten, dass gesunde Menschen Alkohol nicht vollkommen aus ihrem Leben verbannen müssten. Allerdings sollten sie zwei alkoholfreie Tage pro Woche einlegen, um einer Abhängigkeit entgegenzuwirken.

SÜSSE SÜNDE SCHOKOLADE: JE BITTERER, DESTO BESSER

„Schokolade macht schlank" – solche Berichte aus der Wissenschaft hört man gern, und glaubt sie darum unbesehen. Tatsächlich haben einige Studien ergeben, dass Kinder, die viel Schokolade essen, keine überschüssigen Pfunde auf die Waage bringen. Andere Studien förderten positive gesundheitliche Effekte, etwa auf das Herz, zutage – teilweise aber nur beim Verzehr einer ganzen Tafel Schokolade pro Tag.

Leider offenbaren sich hier die Schwierigkeiten der Ernährungswissenschaft. Die erwähnten Studien zeigten lediglich, dass Schokoladenesser gesünder oder schlanker waren. Damit ist allerdings nicht gesagt, dass tatsächlich die Inhaltsstoffe der Kakaobohne dafür verantwortlich sind. Problematisch ist überdies, dass viele Studien zum Gesundheitspotenzial der Kakaobohne seit Jahren durch führende Schokoladenhersteller finanziert werden.

Lecker, Luxus – aber auch gesund?

Tatsächlich zählt die Schokolade zu jenen Süßigkeiten, die auch gebildete und gesundheitsbewusste Kreise gern konsumieren. Heute gibt es neben den üblichen Sorten – also Bitter-, Zartbitter-, Vollmilch- und weiße Schokolade – auch Schokolade aus einzelnen Kakaosorten, etwa Criollo, Forastero oder Trinitario. Angelehnt an den Weinbau wird mittlerweile auch „Lagenschokolade" angeboten. Dahinter steht der Gedanke, dass Boden und Klima Einfluss auf den Geschmack nehmen.

Schließlich ist Bitterschokolade nicht nur Veganern und Low-Carb-Anhängern erlaubt. Sie ist obendrein gluten- und laktosefrei und als Rohschokolade sogar für Rohköstler geeignet.

Nährstoffwunder

Besieht man sich allein die Kakaobohne, so ist sie tatsächlich sehr nährstoffreich. Sie enthält Fett (Omega-6-Fettsäuren) und Eiweiß (Tryptophan), daneben beachtliche Mengen an Eisen, Zink und Magnesium. In Kakao fand man zudem Vitamin D_2. Ob die Mengen ausreichen, um die Vitamin-D-Versorgung der Deutschen zu verbessern, ist noch unklar. Wie Kaffee enthält auch Kakao anregende Substanzen, etwa Theobromin.

Das viel beschworene herzschützende Potenzial der Kakaobohne speist sich jedoch vor allem aus den in ihr enthaltenen sekundären Pflanzenstoffen. Konkret: 1 Gramm Kakaopulver enthält 50 Milligramm Polyphenole, unter anderem Katechine und Procyanidine. Je nach Verarbeitung der Kakaobohnen kann jedoch der Gehalt in der Schokolade schwanken, viel davon steckt in bitteren Varianten. Weiße Schokolade liefert keine Katechine.

Bitterschokolade senkt tatsächlich Blutdruck sowie Blutfettwerte und erhöht die Insulinsensitivität – das haben klinische Tests ergeben. Es fehlen allerdings Langzeitstudien, die zeigen, dass Schokolade mit hohem Kakaoanteil auch wirklich vor Herzkrankheiten oder Diabetes schützt.

Je nach Sorte zuckerreich

Sicher ist hingegen, dass zuckerreiche Schokolade, in größeren Mengen gegessen, weder die schlanke Linie bewahrt noch Krankheiten vorbeugt. Eine 100-Gramm-Tafel Schokolade enthält – je nach Kakaoanteil – folgende Mengen an Zucker:

- **85 Prozent Kakaoanteil:** 15 Gramm
- **60 Prozent Kakaoanteil:** 38 Gramm
- **Vollmilchschokolade:** mehr als 50 Gramm
- **Weiße Schokolade:** mehr als 60 Gramm.

Roh ist nicht gesünder

Rohköstler sind der Meinung, nur „Raw chocolate" liefere genügend antioxidative Polyphenole. Rohe Schokolade wird darum auch als Superfood vermarktet. Sie soll nicht nur das Herz schützen, sondern auch unglaublich schlau machen. Das ist jedoch durch nichts bewiesen. Es stimmt auch nicht, dass Rohkakao viel mehr Polyphenole enthält. Die Fermentation, die jede Bohne nach der Ernte durchläuft, reduziert diese Substanzen in viel größerem Maße als die Röstung. Erst durch die Röstung entsteht jedoch das typische Kakao-Aroma.

Warum Schokolade glücklich macht

Schokolade liefert neben Glukose auch euphorisierende Substanzen wie Anandamid und Phenylethylamin – darum soll sie glücklich machen und als Trostpflaster wirken. Dafür soll auch die Aminosäure Tryptophan, eine Vorläufersubstanz für das Glückshormon Serotonin, verantwortlich sein. Allerdings müsste man schon mehrere Tafeln Schokolade essen, um etwas zu spüren.

Dass Schokolade ein idealer Tröster ist, liegt wohl eher an ihrem Geschma und dem zarten Schmelz. Auch die Ge wohnheit spielt eine Rolle. Wer sich in sigen Situationen mit Schokolade bel oder als Kind mit Süßem getröstet w der lernt nun mal, dass Schokolade lich und zufrieden macht.

Rückstände

Schokolade enthält immer wied heitsschädliche Mineralölrückst toxin und Kadmium. Bei gerin ist dies jedoch unproblematis

FÜR KURZE SPRINTS?

EI UHR NACHMITTAGS, man sitzt im Büro plötzlich setzt diese bleierne Müdigkeit ein. beginnt das „Schnitzelkoma" auch schon dem Mittagessen: Der Blutdruck sackt ab, Verdauungssystem beansprucht viel sauer- eiches Blut. Das Gehirn? Hat vorläufig keine Priorität. Zudem unterliegt unsere Leistungsfähigkeit einem Vier-Stunden-Zyklus: Gegen 14 Uhr ist oft ein Tief an der Reihe. Das Gehirn meldet dann: „Jetzt bitte einen Keks, ein Stück Schokolade oder Kuchen." Und schon greifen wir tief hinein in die Süßigkeitenkiste.

FÜR DIE LANGSTRECKE!

HEISSHUNGER LÄSST SICH VORBEUGEN. Am besten isst man zu Mittag sättigende aber leichte Speisen, die reichlich Eiweiß und Ballaststoffe aber wenig Kohlenhydrate enthalten. Das verhindert das Absacken von Blutzuckerspiegel und Blutdruck. Naht doch ein Tief, helfen auch gesündere Snacks: Studentenfutter statt Schokoriegel und Gummibärchen. Auch geschnittenes Obst und Gemüse oder Trockenobst sind gute Alternativen. Für wen das nicht in Frage kommt, der könnte sich zumindest Bitter- statt Vollmilchschokolade bereitlegen.

ZUCKERFREI LEBEN?

ZUCKER IST DERZEIT DER „BAD GUY" unter den Inhaltsstoffen. Hoher Zuckerkonsum führt nicht nur zu Karies, sondern auch zu Übergewicht und in der Folge zu Diabetes. Zucker löst im Gehirn Hungersignale aus. Und: Schwimmt er im Blut, findet kein Fettabbau statt. Zudem erhöht Zucker das Risiko für tödliche Herzkrankheiten. Die Ursache ist bislang nicht geklärt. Fruktose, wie sie auch Haushaltszucker enthält, steht im Verdacht, zu Leberverfettung zu führen. Weniger Zucker zu essen, ist deshalb sinnvoll, ein Komplettverzicht aber unrealistisch.

GÖNNEN KÖNNEN!

Ein **DESSERT** nach dem Essen ist besser als häufiges Naschen. So ist man nicht unter „Zucker-Dauerbeschuss".

BESSER NICHT!

Zucker und Fett zusammen sind extrem appetitanregend. Schokokekse, Sahnetorte und Vollmilchschokolade darum besser meiden.

DIE GUTE NACHRICHT: Es kommt auch beim Zucker auf die Dosis an. So halten es diverse Fachgesellschaften für ungefährlich, wenn 10 Prozent der dem Körper zugeführten Energie aus Zucker stammen. Zugesetzter Zucker wohlgemerkt – nicht etwa Zucker aus Obst oder Milch. Bei 2 000 Kilokalorien pro Tag entsprechen 10 Prozent 200 Kilokalorien. Das wiederum wären 50 Gramm Zucker. Zum Vergleich: In einer 330-Milliliter-Dose Limonade stecken allein 33 Gramm Zucker. In einem Stück Sahnetorte sind es ca. 28 Gramm.

SNACK IT!

IN MÜSLIRIEGELN aus dem Supermarkt steckt oft eine Menge Zucker. Selbstmachen ist deshalb Trumpf.

Kürbiskerne

Die Kerne sind eiweißreich, liefern reichlich Ballaststoffe und mehrfach ungesättigte Fettsäuren und enthalten sekundäre Pflanzenstoffe wie etwa Phytosterine.

Honig

Kalt geschleuderter Honig liefert alle Gesundstoffe, die die Bienen ihm mitgeben. Darunter finden sich Enzyme, organische Säuren und bis zu 120 Aromastoffe.

Bananen

Bananen sind kaliumreich und liefern Ballaststoffe. In Südostasien und Afrika gibt es zahlreiche Sorten. In unseren Supermärkten landet meist nur „Cavendish“ mit relativ wenig Beta-Karotin.

KOKOS-CRANBERRY-RIEGEL

Für 10 Riegel:
2 EL Kokosöl, Butter oder Margarine
40 g Zucker
60 g Honig
40 g getrocknete Cranberrys
40 g Kürbiskerne
60 g Dinkelflocken
oder Multikornflocken
40 g Kokosraspel
40 g Leinsamen
Öl für die Form

Pro Portion: 160 kcal, 9 g F, 15 g KH, 3 g B, 3 g E

1 Den Backofen auf 175 °C vorheizen, ein Backblech mit Backpapier belegen.
2 Kokosöl, Zucker und Honig in einem Topf erhitzen, bis sich der Zucker aufgelöst hat. Cranberrys und Kürbiskerne grob hacken und mit Haferflocken, Kokosraspeln und Leinsamen unter die Butter mischen.
3 Die Masse in eine kleine geölte Kuchenform füllen oder ca. 2 cm dick auf das Backpapier streichen, mit feuchten Händen gut festdrücken, 15 bis 20 Minuten auf der zweiten Schiene von unten backen. Lauwarm in Riegel schneiden.

CASHEW-APRIKOSEN-BÄLLCHEN

Für ca. 25 Stück:
4 EL Orangensaft
70 g feine Haferflocken
75 g getrocknete Aprikosen
50 g Cashewkerne
4 EL Ahornsirup
½ TL Zimt
Evtl. gehackte Nüsse, Kokosraspel, Sesam, Kakaopulver

Pro Portion: 36 kcal, 1 g F, 5 g KH, 1 g B, 1 g E

1 Orangensaft und Haferflocken mischen und durchziehen lassen. Aprikosen und Cashewkerne im Blitzhacker zerkleinern oder mit einem Messer fein hacken. Haferflocken, Ahornsirup und Zimt zur Aprikosen-Cashew-Mischung geben.
2 Aus der Masse kleine Bällchen formen und eventuell in Nüssen, Kokosraspeln, Sesam oder Kakaopulver wälzen.

Tipp: Zur Abwechslung verschiedene Trockenfrüchte und Nüsse wählen und die Masse mit Vanille, Kardamom oder Anis würzen. Für süße Schärfe sorgt gehackter getrockneter Ingwer.

SCHOKO-EISCREME

Für 2 Portionen:
2 vollreife Bananen
2 TL Kakaopulver
2 TL Honig
6 EL Milch

Pro Portion: 147 kcal, 2 g F, 26 g KH, 3 g B, 3 g E

1 Die Bananen schälen und in Scheiben schneiden. Die Bananenscheiben nebeneinander auf einen Teller legen und mindestens 4 Stunden einfrieren.
2 Kakaopulver, Honig, Milch und 3 bis 4 Bananenscheiben mit dem Schneidstab pürieren, die restlichen Bananenscheiben nach und nach zugeben und untermixen. Das Eis anschließend sofort servieren.

Tipp: Besonders köstlich gerät die Eiscreme, wenn man sie mit etwas Vanillemark zubereitet. Für Crunch sorgen gehackte Nüsse oder Kakaonibs – einfach unter das fertige Eis mischen. Für fruchtigen Genuss ein paar Heidelbeeren oder Himbeeren dazu servieren.

WARENKUNDE ZUCKERERSATZ

Zucker liefert nur leere Kalorien und verdrängt dadurch Nährstoffreiches vom Speiseplan. Zwar bezeichnet die Industrie weißen Zucker als „natürlich", allerdings werden Zuckerrohr oder -rüben bei der Raffination fast sämtliche Nährstoffe entzogen. Das zunehmend schlechte Image von Zucker hat dazu geführt, dass nun zahlreiche, teils sehr hochpreisige Alternativen in den Supermärkten stehen und als gesünder beworben werden. Rohrohrzucker, Agavendicksaft & Co. sind zwar teilweise weniger verarbeitet und liefern mehr Mineralstoffe und Aromen. Trotzdem ist auch deren Zuckergehalt hoch und man sollte nur geringe Mengen verwenden.

Rohrohr- und Vollrohrzucker

Wird Zuckerrohrsaft eingedickt und die Melasse teilweise abzentrifugiert, entsteht Rohrohrzucker. Bei der Herstellung von Vollrohrzucker bleibt dagegen die Melasse vollständig erhalten. Er enthält deshalb etwas mehr Vitamine, Mineralien (Eisen, Magnesium oder Kalzium) und Aromen als Rohrohrzucker. Beide Sorten schmecken karamellartig. Sie werden meist im Naturkosthandel angeboten Aber nicht jeder braune Zucker ist ein Rohzucker. Er kann aus raffiniertem, weißen Zucker bestehen, dem karamellisierter Sirup beigemengt wurde.

Gesundheit: Mineralien und Vitamine in geringen Mengen. Kann Karies auslösen.

Agaven- und Ahornsirup

Agavendicksaft liefert zwar weniger Kalorien als Zucker, hat jedoch eine stärkere Süßkraft und etwas mehr Gesundstoffe. Zuviel Sirup kann abführend wirken und blähen. Agavendicksaft hat mit 90 Prozent einen hohen Gehalt an Fruchtzucker, der in Verruf geraten ist. In weißem Zucker stecken dagegen zu gleichen Teilen Trauben- und Fruchtzucker. Ahornsirup wird schonend gewonnen und liefert daher mehr Gesundstoffe als Zucker. Er ist kalorienärmer und weniger süß als weißer Zucker. Zudem enthält er viele bioaktive Substanzen. Schmeckt karamellartig.

Gesundheit: Beide liefern mehr Gesundstoffe als Zucker, sind jedoch kariogen.

Kokosblütenzucker

Wird aus dem Blütennektar der Kokospalme gewonnen und liefert ähnlich viele Kalorien wie weißer Zucker. Dafür soll er einen niedrigeren glykämischen Index haben. Manche Hersteller werben mit „Enzymen, die eine langsame Aufnahme des Zuckers in den Blutkreislauf unterstützen" – eine unbewiesene Behauptung. Die Herstellung ist mit Kochen und Trocknen vergleichsweise schonend. Kokospalmen wachsen nur in Übersee, der Konsum des Zuckers hierzulande ist wenig umweltfreundlich.

Gesundheit: Ob Kokosblütenzucker wirklich viele Vitamine und Mineralien enthält, ist unklar. Kann Karies auslösen.

Stevia

Stevia rebaudiana ist eine krautige Pflanze, deren Blätter in Paraguay und Brasilien von alters her als natürliches Süßungsmittel genutzt werden. In ihnen stecken sogenannte Steviolglykoside, die teilweise bis zu 300-mal stärker süßen als Haushaltszucker – ohne dabei Kalorien zu liefern. In Produkten wie „Stevia" oder „Stevia-Streusüße" steckt jedoch weniger die Pflanze, als vielmehr Zuckeraustauschstoffe wie Erythrit oder Maltodextrin. Da die Produkte keinen Einfluss auf den Blutzucker haben, könnten sie für Übergewichtige und Diabetiker interessant sein.

Gesundheit: Null Kalorien, löst keine Karies aus.

Süßstoffe

Zu den Süßstoffen zählen Acesulfam, Aspartam, Cyclamat und Saccharin. Sie werden künstlich hergestellt, ihre Süßkraft ist um ein Vielfaches größer als die von Zucker. Dafür liefern einige keine Kalorien. Trotzdem sind mit Süßstoff hergestellte Produkte nicht unbedingt kalorienfrei. Süßstoffe gelten laut Europäischer Behörde für Lebensmittelsicherheit (EFSA) als sicher. Aktuelle Studien zeigen jedoch bei regelmäßigem Verzehr ein erhöhtes Demenz- und Schlaganfallrisiko sowie negative Wirkungen auf die Darmflora.

Gesundheit: Null Kalorien. Nicht kariesauslösend. Trotzdem lieber meiden!

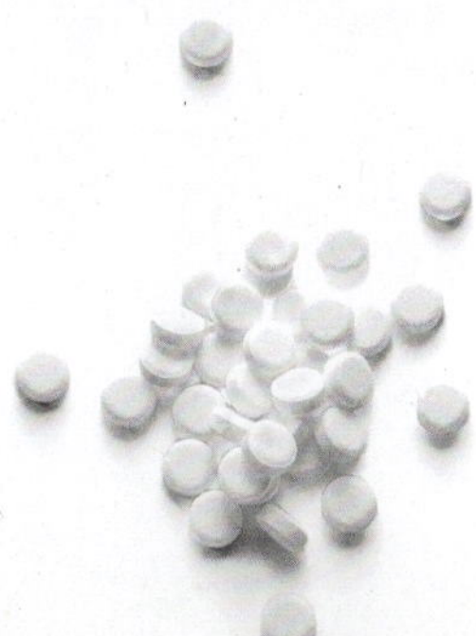

Sie möchten vegetarisch kochen? Wollen wissen, welche Fette tatsächlich gesund sind? Hätten gern weiterführende Informationen zum Thema „gesunde Ernährung"? Auf den folgenden Seiten finden Sie ein Stichwortverzeichnis, ein Rezeptregister und nützliche Adressen, die Ihnen die Suche erleichtern sollen.

SERVICE

RAT UND INFOS PER MAUSKLICK

Selbstverständlich schafft es kein Buch, alle Fragen zu beantworten. Hier finden Sie deshalb Adressen von Websites mit ergänzenden Informationen zu wichtigen Ernährungsthemen.

- **Deutsche Gesellschaft für Ernährung:** Die DGE gibt Referenzwerte für die Nährstoffzufuhr heraus. Zudem informiert sie über gesunde Ernährung, nachzulesen etwa in den „10 Regeln für eine vollwertige Ernährung", dem regelmäßig erscheinenden Ernährungsbericht sowie Leitlinien. www.dge.de

- **Deutsche Adipositasgesellschaft:** Die DAG will alle auf dem Gebiet der Adipositas tätigen Expertinnen und Experten zusammenbringen, um gemeinsam das vorhandene Wissen zur Prävention und Therapie der Adipositas einzusetzen und zu vermehren. www.dag.de

- **Verein für unabhängige Gesundheitsberatung:** Informationen über gesunde Ernährung mit Schwerpunkt Umweltverträglichkeit. www.ugb.de

- **Max-Rubner-Institut:** Bundesforschungsinstitut für Ernährung und Lebensmittel. www.mri.bund.de

- **Bundesinstitut für Risikobewertung:** „Risiken erkennen – Gesundheit schützen". Unter diesem Motto widmet sich das BfR dem Verbraucherschutz u.a. in Sachen Lebensmittelsicherheit. www.bfr.bund.de

- **Bundeszentrum für Ernährung** (ehemals aid infodienst). Das BZFE informiert neutral und wissenschaftlich fundiert zum Thema Essen und Trinken – vor allem auch in Sachen Nachhaltigkeit, Warenkunde und Lebensmittelverarbeitung. www.bzfe.de In diesem Buch verwendete BZFE-Publikationen:
  - „Lebensmittelverarbeitung im Haushalt"
  - „Tiefkühlkost"
  - „Küchenkräuter und Gewürze"
  - „Kartoffeln und Kartoffelerzeugnisse"
  - „Brot und Kleingebäck"
  - „Fleisch und Fleischerzeugnisse"
  - „Kaffee, Tee und Kakao"

- **Das bayrische Verbraucherportal:** www.vis.bayern.de

- **Ernährungsberatung Rheinland-Pfalz:** www.ernaehrungsberatung.rlp.de

- **Verbraucherzentrale:** www.verbraucherzentrale.de

- **Stiftung Warentest:** www.test.de

- **PubMed:** Medizinische Datenbank mit allen wichtigen und aktuellen Studien.

BÜCHER UND LITERATUR

Weiterführende Informationen zu Trend-Diäten, Ernährungsforschung, Rückständen in Lebensmitteln oder Herstellungsverfahren finden sich auch in folgenden Büchern und Zeitschriften:

- Zeitschrift (DGE) **Ernährungsumschau**
- Zeitschrift (UGB) **UGB-forum**
- Zeitschrift (BZFE) **Ernährung im Fokus**
- **Journal culinaire:**
  Informiert über den aktuellen Stand des Wissnens und Könnens über das Essen und Trinken. Erscheint zweimal im Jahr. www.journal-culinaire.de
  - Ausgabe 17, Fermentation
  - Ausgabe 20, Käse
  - Ausgabe 21, Bienen und Honig
  - Ausgabe 22, Wurst vom Metzger
  - Ausgabe 23, Kakao, Schokolade, Kuvertüre
- **Slowfood-Magazin:** Informiert über die Verknüpfung von Essen mit Politik, Wirtschaft, Gesellschaft, Kultur, Wissen, Landwirtschaft, Gesundheit und Umwelt. www.slowfood.de
- Heseker/Heseker: **Die Nährwerttabelle 2016/2017.** Neuer Umschau Buchverlag, 2017.
- Keller/Leitzmann: **Vegetarische Ernährung.** Ulmer UTB, 2013.
- Leitzmann/Keller/Hahn: **Alternative Ernährungsformen**. Hippokrates, 2005.
- Körner/Schareina: **Nahrungsmittelallergien und -unverträglichkeiten.** Haug, 2010.
- Jo Robinson: **Eating on the wild side.** Little, Brown and Company; 2013.
- Thomas Vilgis: **Die Molekül-Küche.** Hirzel, 2006.
- Miedaner/Longin: **Unterschätzte Getreidearten.** Agrimedia, 2012.
- Brian Wansink: **Essen ohne Sinn und Verstand.** Campus, 2008.
- Marlies Gruber: **Mut zum Genuss.** Edition a, 2015.
- Verbraucherzentrale: **Fix Food. Preiswerte und schnelle Küche.** 2015.
- Verein für Konsumenteninformation: **100 Ernährungs-Mythen.** 2016.

Bücher der Stiftung Warentest:

- Warenkunde Öl, 2016.
- E-Nummern, Zusatzstoffe, 2017.
- Aroma Gemüse, 2017.
- Essen aus der Natur, 2011.

REZEPTREGISTER

STICHWORTVERZEICHNIS

1. Nachdruck

Stiftung Warentest
Lützowplatz 11–13
10785 Berlin
Telefon 030/26 31–0
Fax 030/26 31–25 25
www.test.de
email@stiftung-warentest.de

USt-IdNr.: DE136725570

Vorstand: Hubertus Primus
Weitere Mitglieder der Geschäftsleitung:
Dr. Holger Brackemann, Daniel Gläser

Programmleitung: Niclas Dewitz

Autorin: Kathrin Burger, München
Rezepte/Nährwertberechnung: Astrid Büscher, Hamburg

Projektleitung: Lisa Frischemeier
Lektorat: Christian Eigner, Berlin
Lektoratsassistenz: Merit Niemeitz
Korrektorat: Kathrin Nick, Köln
Fachliche Unterstützung: Isabella Eigner, Ina Bockholt, Swantje Waterstraat
Titel, Art Direktion, Layout, Satz: Büro Brendel, Berlin
Fotografie: Knut Koops, Berlin
Food-Styling: Frauke Koops, Geesthacht
Bildnachweis: Thinkstock 75, 176, 177, 180, 181;
alle weiteren Fotos: Knut Koops, Berlin
Produktion: Vera Göring
Verlagsherstellung: Rita Brosius (Ltg.), Romy Alig, Susanne Beeh
Litho: bildpunkt, Berlin
Druck: Media-Print Informationstechnologie GmbH, Paderborn

ISBN: 978-3-86851-475-9

Wir haben für dieses Buch 100 % Recyclingpapier und mineralölfreie Druckfarben verwendet. Stiftung Warentest druckt ausschließlich in Deutschland, weil hier hohe Umweltstandards gelten und kurze Transportwege für geringe CO_2-Emissionen sorgen. Auch die Weiterverarbeitung erfolgt ausschließlich in Deutschland.